我们的军队系列丛书
全国高校出版社主题出版
丛书主编 张国清

走向深蓝的中国海军

马宏伟 编著

复旦大学出版社

丛书序

战争是可怕的，但是长期以来战争又是不可避免的。在人类社会几千年的历史长河中，战争是一种发生十分频繁的现象。有人用电子计算机完成了85万次运算处理，统计出公元前3200年到公元1964年这5 164年间，世界上共发生了14 513次战争，这期间，只有329年是和平的。另据考证，第二次世界大战结束到现在的70多年间，在世界的不同地区，由于各种利益冲突引发的战争已经超过250多次。可以说，在人类社会漫长的发展过程中，始终伴随着血雨腥风、刀光剑影。战争这个人类相互厮杀的怪物，已经存在了几千年，对人类社会生活的各个方面产生了广泛而深刻的影响。

战争从来不一定谁有理谁就得胜，战争最讲究实力。回顾中国近代史，由于清朝政府的腐败无能、闭关自守，不注重发展科学技术，而西方资本主义国家在工业革命中后来居上，并在我们祖先创造发明的军事科技成果的基础上，进行加工和技术改造，用所谓的洋枪洋炮打败清军的大刀长矛和低劣的火炮等武器装备。

"忘记过去就意味着背叛"。我们不能忘记西方列强用武力敲开清王朝闭关自守的大门。1840年第一次鸦片战争，英军一支拥有48艘舰船1 500人的"东方远征军"侵略中国，胁迫清政府签订了中国近代史上第一个丧权辱国的不平等条约——《南京条约》，清廷被迫割让香港。1860年第二次鸦片战争，区区25 000人的英法联军，长驱直入泱泱大国首都北京杀人放火，勒索了巨额赔款，获取许多特权。1900年进攻北京的八国联军总兵力不足20 000，清军数量不下十几万，义和团拳兵更有五六十万之众，仍然无法阻止北京陷落和赔款四亿五千万两白银。这是中华民族用血泪书写的自己的"百年屈辱史"，昭示最深刻的教训就是"落后就要挨打！"我们应当永远牢记。

然而，在历史长河中，由于思想麻痹、民族无国防意识而导致战败甚至亡国的教训也不乏其例。近代中国在两次鸦片战争、中日甲午战争、八国联军侵华战争中，一败再败，除清朝政府腐败之外，很重要的一个原因，即当时国内从上到下均无完整、严谨的国防观念，思想上"一盘散沙"，以致军队遇敌一触即溃，望风而逃。民族尚武精神的衰朽，国家防卫观念的沦丧，不能不说是清军败亡的重要原因。

历史是面镜子，告诫人们忘战必危，要以史为鉴，探索维护和平的途径。所以我们今天一定要加强国防教育，提高国民尤其是青少年的国防观念，增强综合国力，只有这样才能遏止战争爆发，世界才能和平与和睦。

我们知道丧权辱国的痛楚，所以在后来的十四年抗日战争中，在抗美援朝、援越抗美战争中，在中印边境自卫反击作战、西沙群岛自卫反击作战和中越边境自卫还击作战中，我们顽强战斗，维护了来之不易的和平与安宁，维护了国格和尊严。在20世纪60年代，中国咬紧牙关，自力更生，研制成功了两弹一星，使我们在国际交往和大国博弈中有了底气。改革开放后的富国强兵，更使中国在国际上的地位举足轻重。

21世纪以来，世界已进入一个新的时代。和平与发展成为时代的主流和世界的主题，这就进一步制约了世界大战的爆发。但大战的危险始终潜藏着，世界并不安宁，各种形态的局部战争依然存在。因为，当今人类社会还存在世界级与地区级的霸权主义强权政治，这依然是世界动荡不安的主要原因和产生新的局部战争的主要根源。同时，随着现代科学技术的飞跃发展，武器系统不断得到改进，给战争带来许多新的特点。今后的战争将进一步朝着立体战、总体战、电子战、信息战的高级阶段发展。它可能在陆地、海洋、空中进行，也可能在外层空间进行；可能是常规战争，也可能由常规战争发展成为核战争，以及其他样式的战争。

和平与发展固然是当今世界公认的主旋律，但我们应该清醒地认识到，世界并不太平。如果我们把目光投向整个世界的范围，投向我们国家的周边地区，我们不难发现，中国面临着来自多方面的威胁与挑战。霸权主义和强权政治的推行者依然把自己当作世界警察。中美撞机、轰炸中国使馆、"台独"势力的叫嚣、"东突""藏独"恐怖主义、海洋疆界的争端、陆地麦克马洪线等问题,容不得我们半点大意。所以,我们必须有"居安思危,有备无患"的意识与准备!

"安而不忘危,存而不忘亡。"国防无疑是国家大事,是关系每一个国民安危利益的国家大事。国家的昌盛与民族的兴旺离不开全民国防意识的增强。国防教育,培养全民国防观念与国防精神,可以增强国家向心力和民族凝聚力,它在军事上可以转化为战斗力,在经济上可以转化为生产力,在总体上可以转化为综合国力。

随着当代中国越来越多地在世界上承担起大国的责任,发挥着越来越重要的维护世界和平的作用,中国所面临的国际局势越来越严峻,国防所承担的责任也越来越关键,这就需要我们更加重视国防教育,尤其是对青少年一代普及国防教育。

青年兴,则国家兴,青年强,则国家强。为了培养青少年一代正确的现代国防观念,提升其爱国意识,必须让广大青少年学生了解一定的现代军事知识,特别是通过学习中国国防武装力量——中国人民解放军陆军、海军、空军和火箭军的知识,了解国防,熟悉军人,感悟战争,引导青少年刚强一些,再刚强一些,提高其综合素质。为了唤起青少年一代"自强不息"的民族自尊与"天下兴亡,匹夫有责"的爱国责任感,提高对战争的警惕性,加深对国防事业的热爱,我们决定在复旦大学出版社组织出版的"国家大事丛书"中设立一个相对独立和完整的子系列板块——"我们的军队系列丛书",编写出版专门讲述解放军陆军、海军、空军和火箭军的普及性的国防教育读物,即《永远向前的中国陆军》《走向深蓝的中国海军》《空天一体攻防兼备的中国空军》《全域慑战的中国火箭军》。

在"我们的军队系列丛书"中,我们邀请国防教育军事理论方面的专家学者,以翔实的资料、大量的信息、生动形象的语言讲解中国的武装力量及其武器装备。力求图文并茂、通俗易懂、知识性强、短小明快。所以"我们的军队系列丛书",具有较强的科学性、知识性、趣味性和可读性,是一套很好的社会化、普及化、大众化的国防教育读物。

"我们的军队系列丛书"编委会

目录

导言 /001

第一章 百年梦圆"辽宁号"
　　——中国第一艘航空母舰 /008
一　新兵"辽宁号" /008
二　"瓦良格号"华丽变身"辽宁号" /014
三　神鹰绝技任往来
　　——舰载机起降成功 /030

第二章 在战火淬炼中挺进深蓝
　　——中国海军的发展历程 /045
一　从陆地驶向江海
　　——中国海军初创成军 /049
二　筑起海岸长城
　　——建设近岸防御海军 /057
三　"小步快跑"向大洋
　　——迈向近海防御 /067
四　深海蓝水任遨游
　　——向近海防御远海护卫相结合转型 /079

第三章　冲破岛链控海权 /088

一　岛链
　　——围堵中国的海上封锁线 /088

二　和平穿越　突破岛链封锁 /096

三　联合演习　增强互信与安全合作 /107

第四章　军旗飘扬亚丁湾
　　——中国海军编队亚丁湾护航 /125

一　风起亚丁湾　出兵驱海盗 /125

二　宝剑出鞘　锋指亚丁湾 /129

三　海之利器　完胜亚丁湾 /132

四　战舰撤侨　北非大营救 /144

第五章　风健正是扬帆时
　　——中国海军的发展态势 /155

一　雄姿英发　昂然独立向大洋
　　——中国海军的基本格局 /155

二　重器在握　神兵挺进深海
　　——中国海军的定海神针 /166

三　中国海军改变亚太军事格局 /178

四　中国海军的辉煌前景 /183

后记 /191

导 言

中国是一个有着漫长海岸线的大国。

中国大陆东、南两面濒临海洋，大陆海岸线北起辽宁省的鸭绿江口，南至广西壮族自治区的北仑河口，长达1.8万余千米。中、俄、朝相交的图们江出海口，直接通向日本海。渤海是中国内水，黄海、东海和南海是西北太平洋的边缘海。

在辽阔的中国海域，有6 500多个面积500平方米以上的岛屿，1.4万千米的岛屿岸线，总面积8万多平方千米。中国海域跨越温带、亚热带和热带三大气候带，海洋生物资源十分丰富。近海大陆架蕴藏着丰富的油气资源，浅海滩涂是建场晒盐、发展海水养殖的优良场所。按照国际海底管理局理事会与中国的协议，中国在东北太平洋7.5万平方千米海底区域、西南印度洋洋脊1万平方千米海底区域和西太平洋3 000平方千米海底区域，拥有对多金属结核资源的专属勘探权和优先开采权。

历史上中国常被视为大陆或陆地大国，尽管某一时期，中国也存在海上利益。

中国也曾经是开发利用海洋的大国。航海业一度发达,雄踞世界首位——

1405年,一支庞大的船队驶出了长江口,明朝三保太监郑和开始了七下西洋的航程,探索了南中国海和印度洋,最远到达了现在的东非沿岸。中国人的这7次远航,比哥伦布发现新大陆早87年,比达·伽马绕过好望角早92年,比麦哲伦环球航行早114年!

在七次炫耀天朝威仪的航行后,那支大船队就此消失。

中国海军也曾一度强大,军舰数量居世界第二——

19世纪中后期,大清国巨大的海军舰队——北洋水师守卫着中国海防。但是,一场中日之间的海战后,那支军舰数量世界第二、亚洲第一的庞大舰队不见了。

海洋曾经令近代中国蒙羞受辱——

鸦片战争(1840年6月—1842年8月),列强越海而至,坚船利炮洞开国门;

甲午战争(1894年7月—1895年4月),北洋水师全军覆没,中国海防荡然无存,完全失去了制海权。

100多年间,中国完全失去了对海洋的控制权,被迫退守陆地,几乎蜕变成一个纯粹的陆地国家。

事实上,从郑和结束最后一次航海到晚清建立北洋海军,再到抗日战争胜利后,特别是新中国成立后重返海洋,此中500多年间,泱泱中华大国,几无海洋权益可言,确实类似于一个陆地国家。

往事不堪回首!

中国的强盛,必须倚重于海洋。

改革开放以来,中国大步重返海洋,以积极的姿态面向海洋、开发海洋,捍卫和发展海洋利益,逐渐恢复了陆海兼备的大国身份。

中国经济的发展开始向海外辐射,影响力遍及五大洲四大洋每一个角落。

自加入世贸组织后,中国的海外贸易一直稳步增长,其对中国经济的影响越来越大。巨大的海外市场成为中国经济的重要组成部分,海外贸易也成为中国经济持续发展、保持高增长率的支柱之一。

重返海洋,也使中国的国家主权得到确认,国土安全得到保障。

1998年6月颁布施行的《中华人民共和国专属经济区和大陆架法》,第二条规定中华人民共和国专属经济区为中国领海以外并邻接领海的区域,从测算领海宽度的基线量起延至200海里。中华人民共和国的大陆架,为中华人民共和国领海以外依本国陆地领土的全部自然延伸,扩展到大陆边外缘的海底区域的海床和底土;如果从测算领海宽度的基线量起至大陆边外缘的距离不足200海里,则扩展至200海里。该法明确主张中华人民共和国对专属经济区和大陆架的勘查、开发、养护和管理,行使主权权利。

专属经济区

专属经济区(exclusive economic zone)，又称经济海域，是指从测算领海基线量起200海里、在领海之外并邻接领海的一个区域，是沿海国在其领海以外邻接其领海的海域所设立的一种专属管辖区。沿海国对这一区域内自然资源享有主权权利和其他管辖权，而其他国家享有航行、飞越自由等，但这种自由应适当顾及沿海国的权利和义务，并应遵守沿海国按照《联合国海洋法公约》的规定和其他国际法规则所制定的法律和规章。

2013年11月23日，中华人民共和国国防部宣布：中国政府按照国际通行做法，划设东海防空识别区，目的是捍卫国家主权和领土领空安全，维护空中飞行秩序。并同时发布了东海防空识别区航空器识别规则。这样，中国就把第一岛链以内的海域纳入自己的影响范围。

现在，中国比以往任何时候都依赖海洋。

但是，只有争取海上维权斗争的全面胜利，才能维护和发展海洋经济。

个别海上邻国在涉及中国领土主权和海洋权益问题上采取了挑衅性举动，在非法"占据"的中方岛礁上加强军事存在，一些域外国家也极力插手南海事务，个别国家对华保持高频度海空抵近侦察，海上方向维权斗争将长期存在。

大陆架

大陆架（continental shelf）是指环绕大陆的浅海地带，是大陆沿岸土地在海面下向海洋的延伸，可以说是被海水所覆盖的大陆，又叫"陆棚"或"大陆浅滩"。在国际法上，大陆架指邻接一国海岸但在领海以外的一定区域的海床和底土。大陆架的浅海区是海洋植物和海洋动物生长发育的良好场所，大陆架有丰富的矿藏和海洋资源，这些资源属于沿海国家所有。沿岸国有权为勘探和开发自然资源的目的对其大陆架行使主权权利。

中国必须拥有强大的海上保障力量，积极抵御个别国家对中国海洋权益的挑衅性举动，掌握海上方向维权斗争的主动性。

建设与国家安全和发展利益相适应的现代海上军事力量体系，维护国家主权和海洋权益，维护战略通道和海外利益安全，参与海洋国际合作，为建设海洋强国提供战略支撑，是中国走向海洋，发展海洋经济，确保有关海域的主权权利，保护国家安全的关键问题和基本保障。

中国走向海洋、发展海洋经济，必须有强大的中国海军为其保驾护航。

建设一支强大的中国海军，符合国家的根本利益，顺应社会发展的必然趋势。

中国人民解放军海军，是中华人民共和国的海上武装力量,是海上作战行动的主体力量,是中国海上利益最重要的保障力量。

 海洋权益

海洋权益(maritime rights and interests)属于国家的主权范畴,是主权国家在海域中享有的各种权力和利益的统称。主要包括濒海国家对所属岛屿、领海和毗邻区的主权,海上专属经济区和大陆架的主权,以及在广阔的公海应享有的其他权益等。国家海洋权益涉及政治、经济、军事、科技、法律诸领域,是国家主权、尊严和利益所在,关系到国家可持续发展和综合国力的提高。

中国海军是人民解放军的战略性军种,是以潜艇部队、水面舰艇部队和海军航空兵为主体,还有岸防部队和海军陆战队,担负海上作战任务的现代化合成军种。其主要任务是独立或协同陆军、空军防御敌人从海上的入侵,保卫国家海权。

经过半个多世纪的奋斗,中国海军积聚了可观的力量,开始了走出近海、走向远海的航程。

2002年,距郑和下西洋后近600年,中国海军有了一次历史性的远航——中国海军舰队环球远航,遨游三大洋,环绕地球一周。世界海军环球航行的史册上被深深地刻下了中国的名字。

2009年的新年即将到来之际,阵容齐整的中国海军蓝水舰队再次出现在印度洋上。这些来自复兴之中的东方大国的战舰不再是代表天朝皇帝的钦使,更不是带来杀戮与掠夺的殖民者,而是维护世界和平,推动世界繁荣,捍卫中国合法权益的正义力量!

2012年,中国海军第一艘航空母舰辽宁舰服役,2019年12月17日,中国第一艘国产航空母舰山东舰在海南三亚某军港交付海军。中国的航母编队将在中国领海自由驰骋!

领海(territorial sea),曾被称为沿岸水、沿岸海、海水带和领水,在地理上是指与陆地领土及其内水以外,邻接其海岸,与海岸平行并具有一定距离宽度的带状海洋水域。领海是沿岸国领土的一部分,主权属于沿岸国,不许他国侵犯和干涉。但在一国领海内,外国船舶享有无害通过权。

21世纪的中国海军,航迹向大洋深处延伸……
21世纪的中国海军,正在驶向远海,驶进深蓝……

第一章

百年梦圆"辽宁号"
——中国第一艘航空母舰

一 新兵"辽宁号"

2012年9月23日,中国船舶重工集团有限公司大连造船厂处处彩旗飘扬,洋溢着吉祥喜庆的气氛。

中国第一艘航母平台16号舰,静静地停泊在第一工场的30万吨级船坞上,16号舰与相邻停泊的88号舰全部挂起了"满旗"。

中国第一艘航空母舰16号舰,按计划完成了建造和试验试航的工作,将由大连造船厂正式交付海军(见图1-1)。

下午16时,交船仪式正式开始。

16点40分,16号舰舰桥桅杆升起五星红旗,舰首升起八一军旗,舰尾升起海军旗,17点20分,交船仪式完成。

图1-1　16号舰交付海军

 航空母舰

航空母舰（aircraft carrier）简称"航母"，是一种以舰载机为主要战斗装备，并为其提供海上活动基地的大型水面舰艇。舰体通常拥有巨大的甲板和坐落于右侧的舰岛。航空母舰是国家综合国力的象征，是国家海上力量的核心之一，是现代化海军不可或缺的利器。依靠航空母舰，可以远离国土和基地施加军事压力和进行作战，执行各种战略、战役和战术级的作战任务。

航母按照动力方式分成常规动力和核动力两种，也可按排水量分为轻型航母（排水量3万吨以下）、中型航母（排水量3万—6万吨）、重型航母（排水量6万吨以上）。

16号舰随后驶出大连造船厂，前往海军航母驻泊锚地。在航母驻泊锚地举行16号舰入役仪式。

2012年9月25日,初秋的清晨,彩霞满天。朝霞给中国第一艘航母镀上一层金色。

上午10时许,阳光和煦,风平浪静。大连港上空奏响了雄壮的国歌,中国第一艘航母16号舰的交接入列仪式开始。

停泊在码头的16号舰悬挂满旗,舰上官兵精神抖擞,分区列队。

中共中央总书记、中央军委主席胡锦涛,向海军接舰部队授予军旗和命名证书。

中共中央政治局常委、国务院总理温家宝,宣读党中央、国务院、中央军委的贺电。

贺电指出:中国发展航空母舰,是党中央、国务院、中央军委着眼国家安全和发展全局作出的重大战略决策。第一艘航空母舰顺利交接入列,对于提高我军现代化水平,促进国防科技工业技术进步和能力建设,增强国防实力和综合国力,对于振奋民族精神,激发爱国热情,鼓舞全党全军全国各族人民奋力夺取全面建成小康社会新胜利、开创中国特色社会主义事业新局面,具有重大而深远的意义。

仪式上,中央军委领导宣布第一艘航空母舰交接入列并正式确定舰名舷号。

经中央军委批准,中国第一艘航空母舰命名为"中国人民解放军海军辽宁号",舷号为"16"。

按照中国海军1978年颁布的《海军舰艇命名条例》,规定巡洋舰以上的大型军舰以省份来命名。此次航母命名为"辽宁号",显然与其改装所在地有关。

中国的作战舰艇的舷号一般都是三位数,小舰艇的舷号是四位数,训练舰的舷号使用的是两位数。首艘航母舷号采用两位数,说明训练功能是这艘航母平台入役后的主要功能。

中央军委、国务院、总装备部、海军、中国船舶重工集团有限公司等领导出席入列仪式。

这是一个令亿万中华儿女骄傲的时刻!

仪式结束后,胡锦涛健步登上航母,检阅了海军仪仗队。

随后,胡锦涛、温家宝等领导来到飞行甲板和部分舱室,认真察看舰上设施设备,与官兵亲切交谈,详细询问工作、训练和生活情况,会见参与中国第一艘航空母舰建造的科技人员、干部职工和部队官兵代表。

胡锦涛对航空母舰建造取得的成绩给予充分肯定,要求部队和承建单位高标准完成后续各项工作任务。

自2011年7月中国国防部宣布正在改造一艘废旧航母以来,已有一年多时间。这期间,中国航母平台进行了多次海试,按照既定计划开展了各项科研试验,达成了既定目标。

中国航母正式交接入列的消息振奋人心。

尽管,刚刚入列的"辽宁号"只是航母平台,尚未形成航母编队作战能力,距形成实战能力还有很长的路要走。

但是,航母入列,对中国海军的发展有着分水岭的意义,将产生全方位且深远的历史影响。

从白马庙诞生的人民海军,在短短64年间走过了从无到有、从弱到强、从近岸走向近海的发展历程。

航母入列,标志着中国海军有能力从黄水海军向蓝水海军挺进。

海军的作战类型用海洋地理学进行区分,通常可细分为:内河海军、黄水(褐水)海军、绿水海军和蓝水海军四种类型。

黄水海军(brown water navy)指存在于最靠近陆地约200海里以内的褐水海域,无法离开近海的海军。其主要任务是保卫本国海岸线安全,被称为沿岸防御型海军。在最靠近陆地约200海里以内的海域,由于海水中混杂了泥土而呈现黄褐色,所以国际上把近(海)岸防御型的海军称作"黄水海军"或"褐水海军"。黄水海军装备以陆基武器和轻型舰船为主,很多时候还要靠陆基飞机和岸防部队的掩护和配合。中国海军第一个发展时期,主要发展"空、潜、快"为重点的轻型兵力,协助陆军抗击来自海洋方向上的威胁,完成"近海防御"或"近岸防御"的任务,其作战范围通常远离陆岸不超过300公里,属于黄水海军。

航母入列,彻底改变中国人民解放军海军自成立以来以近海型兵力建设为主的现状,将建设的重点转向远海型,从而拉开了中国建设蓝水海军的序幕。

绿水海军

绿水海军（green water navy）是指靠近海岸的大陆架海域活动、依靠大陆基地支持的海军力量，被称为近海防御型海军。从黄水区域终点延伸至数百海里以上的区域，海水较纯净，因而被定义为"绿水"。绿水海军是具有一定的远海作战能力的海军，可以远距离投放兵力，在海上拦截敌飞机和舰队，虽然它可以远离陆地数百海里作战，但很多时候还是要靠远程陆基飞机的掩护和配合。目前解放军海军已经具备在远海海域（如南海南部、日本海）作战的能力，可以称得上"绿水海军"。

 蓝水海军

蓝水海军（blue water navy）又名蓝色海军，是指能将海上力量扩展到远洋及深海地区，具有能在外洋长时间执行任务，并在宽广的大洋中保护本国及海外国土利益和安全能力的海军。蓝水海军的主要任务是保护本国的海洋权益和海洋安全，与威胁本国海洋安全的敌对势力在外海较独立地完成作战任务。蓝水海军具有兵力投送的性质，可全球部署，规模庞大，自给能力较强，装备以大型水面舰艇为主，一般都拥有可实施水面、水下、空中立体火力打击和兵力投送能力的航母舰艇编队。

> 蓝水海军应具有对潜对空对面威胁的防御能力，长时间长距离的后勤补给能力，且能在特殊环境下仍有作战能力（特殊环境指如北极冰山群）。目前仅有少数国家有蓝水海军。

航母入列，对于提高中国海军综合作战力量现代化水平，增强防卫作战能力，发展远海合作与应对非传统安全威胁能力，有效维护国家主权、安全和发展利益，促进世界和平与共同发展，具有重要意义。

从此，人民海军在走向深蓝的万顷碧波中掀开具有里程碑的一页，在盛世华章中留下浓墨重彩的一笔。

二 "瓦良格号"华丽变身"辽宁号"

早在20世纪70年代，中国海军就有自行生产航空母舰的打算。

1982年，海军司令员刘华清提出"近海防御"的海军战略，认为航母是海军战略中至关重要的一环。

1985年3月，广州造船厂拆解报废的澳大利亚海军航空母舰"墨尔本号"，中国人民解放军海军曾派研究人员参观调研，结果给海军研究人员留下深刻印象。但限于国力，当时国家根本无力生产或保有航母。

进入90年代中期，建造航母的热情因无实力负担的状况而被迫冷却。

近海防御战略

近海防御战略是筹划与指导海军在本国近海海区实施防御的战略，目的是保卫国家的领土主权和海洋权益，以及维护近海海区的其他利益。近海防御战略的基本特征是具有区域性和防御性，因而在兵力建设、武器发展、兵力部署和战场准备等方面，均以近海和防御作为主要着眼点。

直到新世纪开始，中国的航母建设才进入了实质性的实施阶段——购买乌克兰未建造完成的"瓦良格号"，加工改造，使之成为中国的第一艘航空母舰。

"瓦良格号"半途而废

1982年5月7日，苏联共产党中央委员会和部长会议决定建造第三代航母。

1985年12月4日，第二艘航母（"定单106"号）在乌克兰尼古拉耶夫黑海造船厂造船台安家落户。

据苏联的数据，"定单106"号是一艘大型常规动力航空母舰，排水量为55 000吨，舰长302米，舰宽35.4米，飞行甲板长70.5米，吃水10.5米，采用4台蒸汽轮机为动力，4轴4桨双舵推进。舰首使用滑跃式起飞甲板，舰艇中部设有4道飞机降落阻拦索及1道应急阻拦网。舰桥为岛式建筑位于飞行甲板右侧，前后各有一台甲板/机库升降机。外形高大威武，是典型的苏式舰艇风格。

阻拦索

即航母阻拦索,置于航母飞行甲板后部用于舰载机正常着舰,防止其滑出甲板。战机着舰时放下尾钩,尾钩钩住阻拦索拉动拦阻机,吸收飞机前冲的能量,在短短数秒内使战机速度从数百公里的时速减少为零,并使战机滑行距离不超过百米而安全停住。阻拦索是舰载机名副其实的"生命线"。2012年11月25日,中国首次舰载机阻拦着舰试验取得圆满成功!从舰载机尾钩与阻拦索"拉钩"开始到飞机停下全程时间只有2—3秒。

1990年7月,"定单106"航母被命名为"瓦良格号",以纪念在1904—1905年日俄战争中沉没的"瓦良格号"装甲舰。

截至1991年11月,"瓦良格号"航母的建造完成率已达68%。然而,随着苏联的解体和乌克兰独立,"瓦良格号"航母的建造工作全部停止。

"瓦良格号"航母变成了乌克兰的财产,但依然在俄罗斯海军战斗编成之内。

若要完成"瓦良格号"剩余的32%建造工作,至少需要2亿美元资金支持。刚刚独立的乌克兰,财政极其困难,根本没有能力承担完成航母建造的经费开支。

于是,"瓦良格号"被长时间遗弃在尼古拉耶夫市的黑海岸边。

其间,俄罗斯曾与乌克兰方面商谈"瓦良格号"航母的赎买问题。但乌克兰出了一个令人难以接受的天价,谈判以失败告终。

1995年,"瓦良格号"正式退出俄罗斯海军的编成,俄罗斯以偿还债务为由送给了乌克兰。

1997年,简氏杂志报道"'瓦良格号'即将解体",未建造完成的"瓦良格号"再度引起世人关注。

乌克兰先将舰上所有的机电设备拆除,然后公布希望以2 000万美金的价钱招揽解体瓦良格舰的公司。乌克兰为此曾接触包括中国在内的多个国家,其中一家法国公司曾打算将"瓦良格号"改造成海上航母酒店,但因船舱舱顶太低而作罢。

按当时乌克兰政府的预计,解体"瓦良格号"需要投入2.5亿美元,而拆卸的废钢却只值500万美元。解体"瓦良格号"是一笔不折不扣的赔本买卖,因而没有哪家公司愿意承揽解体生意。

中国人重金购买空壳平台

解体招标落空后,乌克兰决定出售"瓦良格号",开始积极寻找买主。

乌克兰找到了购买"瓦良格号"的潜在对象——中国,但遭到美国的粗暴干涉。

美国宣称:乌克兰若向中国出售,必须将舰载武器装备全部拆除;否则,将对乌克兰采取经济制裁。

在美国的压力下,"瓦良格号"上的舰载武器装备被拆卸一空。除保留甲板上的建筑外,"瓦良格号"几乎成了一个空壳子。

1997年，香港创律集团有限公司通过新闻报道了解到乌克兰正在出售"瓦良格号"，便提出购买航空母舰的构想。

乌克兰对航空母舰本体的初步定价是1 800万美元。当创律集团提出需要购买航空母舰的设计图纸用于改造时，乌克兰将价格提高到2 000万美元。双方初步达成了购买意向。

但此后乌克兰方面突然称需要通过拍卖会拍卖。

经过公开竞标，创律集团正式以2 000万美元投得航空母舰，并同时获得30多万张近20吨重的施工图纸。

不久，乌克兰方面向创律集团移交了"瓦良格号"船体和设计图纸。

交接工作完毕后，乌克兰船厂的技术人员及警卫向"瓦良格号"敬礼送别，不少人为之落泪。

坎坷回家路

1999年7月，澳门创律旅游娱乐公司雇用了一家远洋运输公司，开始运送"瓦良格号"前往中国。

拖船牵引着"瓦良格号"，驶离黑海造船厂，开始了前往中国的漫长航程。

乌克兰与中国方面为"瓦良格号"拟定了穿越黑海、博斯普鲁斯海峡、地中海和达达尼尔海峡的航线。尼古拉耶夫造船厂位于黑海之滨。黑海只有一道窄窄的"博斯普鲁斯–达达尼尔"海峡与外界相通，所有的船只进出都得经过这里。而美国的盟友土耳其就扼守着这一咽喉要地。

关于"瓦良格号"将被中国改造为航母的传闻已成为热议话题，美国、日本、印度和中国台湾当局通过不同方式对当时的土耳其政府施加影响，阻拦"瓦良格号"通过。

土耳其为拒绝"瓦良格号"通过，还找了个冠冕堂皇的阻拦理由：由于"瓦良格号"舰身过于庞大而且没有动力，加上风向及水流难以控制，通过弯曲狭长的博斯普鲁斯–达达尼尔海峡极其危险，而且影响博斯普鲁斯海峡其他船只正常航行。并强令其退回黑海。

"瓦良格号"被迫返回原海港。从此，受困于黑海长达两年之久。

由于"瓦良格号"既不能停靠任何海港，又无法靠自身动力掌握方向，拖船公司只能拖着这艘巨舰在黑海里一遍遍地兜着圈子。为此，澳门创律旅游娱乐公司每天得向拖船公司支付8 500美元的费用，每月还必须向乌克兰港口当局缴付1.7万美元的滞港停泊费。

受困期间，一架至今身份不明的直升机降落在"瓦良格号"上，并在舰上留下几个蓝色粉笔字：The French Was There（法国人到此一游）。

为了给"瓦良格号"解围，中国政府与土耳其政府展开了16个月的协商。

出于对维护中土两国关系的考虑，2001年8月25日，土耳其国家安全委员会作出决定，同意"瓦良格号"通过海峡。但土耳其海洋署却提出，"瓦良格号"通行海峡必须满足包括10亿美元"风险保证金"、增加拖引护卫船只、安装土耳其通讯设施在内的20项极为苛刻的条件。

在中国驻土耳其大使馆和土耳其外交部的帮助下,创律公司与土方就巨额保险金达成了协议:"瓦良格号"通过海峡期间,对土耳其造成的一切损失,由创律公司来赔偿。

中国交通部救助打捞局组织的拖航团队,在土方要求的基础上确定了拖航方案:租用了24 800马力的俄罗斯籍拖轮Nikolay Chiker号作为"刹车",配齐了辅助性的拖船和配备消防车的保障船只。

大连造船厂派出厂里挑选的15位专家,按照土方要求负责船上通讯、导航、雷达设备的安装。所有物资、设备都在土耳其当地购买,价格普遍居高,安装、试验完后,再逐项由土耳其验收。

一切准备就绪,滞留了16个月的"瓦良格号"开始穿越博斯普鲁斯海峡。

2001年11月1日,上午8点,晨雾散尽,天气晴朗,博斯普鲁斯海峡风平浪静。"瓦良格号"在11艘拖船和12艘救难、消防船的前呼后拥下顺利通过了博斯普鲁斯海峡。

据土耳其电视台报道,当时海峡两侧共聚集了300万围观群众,沿岸鳞次栉比的餐馆的座位,被不约而同前来围观的群众占满。

2001年11月3日晚,"瓦良格号"穿越土耳其海峡的最后一段——达达尼尔海峡,进入爱琴海。

行进到爱琴海斯基罗斯岛附近时,"瓦良格号"遭遇了前所未有的风暴。拖曳"瓦良格号"的3艘拖轮的拖缆相继撕裂,没有动力系统的巨舰几乎成了一座漂浮在海上的孤岛,犹如脱缰的野马,在海中横冲直撞。巨舰在狂风暴雨中漂了两天,最终在希腊埃维拉岛浅滩搁浅。

终于，风暴停了。3艘拖船和1艘希腊船一起努力，用拖缆固定住了"瓦良格号"。主缆绳再次挂妥，巨舰终于恢复平稳，"瓦良格号"又上路了。

但是"瓦良格号"注定还要经受严峻的考验。

2001年末，埃及因通航技术问题拒绝"瓦良格号"从苏伊士运河通过。

"瓦良格号"被迫绕道而行：从地中海向西穿越直布罗陀海峡，进入大西洋，再向西环绕非洲大陆，驶过非洲的好望角，穿越整个印度洋。

2002年12月12日进入南中国海。然后经东海、黄海，抵达大连。

2002年2月28日，"瓦良格号"进入大连港外锚区。此时，浓雾袭来，能见度最低时仅20米，"瓦良格号"在外锚区经历了最后的等待。

3月3日清晨5时，历经周折的"瓦良格号"在6艘拖轮和1艘引水船的引领下，离开外锚区，开往内港；中午12时，"瓦良格号"安全靠泊在大连内港西区4号散货码头（见图1-2）。

图1-2　抵达大连港的"瓦良格号"航母平台

从乌克兰到中国,预计60天的航程最终走了627天,整个拖船过程约花费2 000万美元。

废墟上创造奇迹

抵达大连港的"瓦良格号"已经被严重破坏,原有动力系统、电子系统、侦察系统被全部拆除或破坏,仅仅剩下了一个锈迹斑斑的钢铁空壳。

就是这个废弃的航母船体,即将被改造建设成为中国第一艘航空母舰。

但是,航母建设的动作迟迟没有开始。

航母平台静静地停泊在大连港码头,任凭风吹雨打,一待就是三年。

2005年4月26日早上,中国航母的建造工程正式启动。

大连港航道全部封锁,大连港轮驳公司6艘大马力拖轮全部出动,"瓦良格号"被缓缓拖进大连造船厂第一工场30万吨级船坞,整个过程历时约3小时。

2005年8月初,"瓦良格号"以中国海军标准的"海军灰"新鲜涂装出现在大连造船厂第一工场30万吨船坞泊船码头。

12月,"瓦良格号"甲板涂装完成。

此后3年多的时间里,尽管舰上一直有人在忙碌,但始终没有关于航母建造的消息传出。"瓦良格号"又一次陷入了沉寂。

2009年4月27日,"瓦良格号"离开了原来的泊位,进入大连船舶重工在香炉礁新建的第三工场30万吨级船坞。

2009年5月底,"瓦良格号"的改造工程全面展开。舰艏的苏联海军航空兵徽章被拆除,俄文舰名被铲去。

至此,"瓦良格号"已经成为"过去时"。

2009年8月21日,中国航母舰桥改造作业正式开始。

舰桥上出现了相控阵雷达的安装基座,舰桥上塔状桅杆开始吊装。

2010年3月19日上午,航母离开了第三工场30万吨级船坞,进入与原船坞仅"一墙之隔"的30万吨级南舾装码头。

此时飞行甲板上出现了新的起倒式护栏,船体的舱室改为全封闭设计,原有的舷窗全部消除。

从此,人们可以从外部直观看到航母平台一天天在变化——

航母舰桥完成涂装,白色的烟囱部分异常醒目……

航母汽轮机组的锅炉开始点火吹管,航母蒸汽试验排烟囱井……

滑跃甲板前端和飞行甲板尾部的人员防坠网支架安装完毕……

左舷中部和尾部的近防武器平台安装了726-4型舰载干扰弹火箭发射炮,左舷前部的近防武器平台安装了国产FL-3000N型导弹系统……

航母塔状桅杆上的"顶板"三坐标雷达天线和"塔康"相控阵战术空中导航系统信标天线安装完毕……

相控阵雷达

相控阵雷达（phased array radar）即相位控制电子扫描阵列雷达，是由计算机控制阵列天线上各个辐射单元的馈电相位，通过雷达天线波束形状和指向实现扫描的雷达。相控阵雷达能同时发现几百个目标，完成搜索、目标指示、飞机引导、多目标跟踪、导弹制导等多种功能，具有作用距离远、精度高、数据率高、自适应抗干扰、多目标处理等特点，目标更新速率、多目标追踪能力、分辨率、多功能性、电子反对抗能力等都远优于传统雷达。相控阵分为"被动无源式"与"主动有源式"两类。两者的主要区别在于发射/接收元素的多少，无源相控阵雷达仅有一个中央发射机和一个接收机，有源相控阵雷达的每个辐射器都配装有一个发射/接收组件，每一个组件都能自己产生、接收电磁波，因此在频宽、信号处理和冗度设计上都比无源相控阵雷达具有较大的优势。

右舷前升降机前方的起重机也已安装完毕……

航母尾部近防武器平台上的FL-3000N防空导弹系统和近防炮已安装……

航母锚链筒的喷水孔开始喷水，标志着甲板水管系统已可以正常使用……

舰岛后部的卫星通信球形天线罩已经安装……

低频段雷达信号干扰机已安装……

制冷机和No.2动力舱的蒸汽发电机组启动运转成功……

航母开始安装锚链……

进入2011年,中国航母的建造工作加快了进度——

航母舰岛中部安装"灯泡"数据链天线,舰岛一前一后安装了两座364雷达,舰岛侧面安装了多套电子战系统天线,舰岛后部安装了两部347G型火控雷达……

舰岛涂上新漆,焕然一新。舰岛上脚手架被拆除……

着陆拦阻装置安装完成,着陆拦阻装置的液压油罐安装完毕……

舰岛前方的导航雷达安装完毕,相控阵雷达安装完毕……

舰岛侧方相控阵雷达中华神盾安装完毕……

舰岛后方相控阵雷达安装完毕……

航母甲板的第一块挡焰板安装完毕……

航母的两艘工作艇到位,改装进入收尾阶段。

航母的飞行甲板开始多处同时涂装……

航母舰载机助降装置菲涅尔双棱镜安装到位,后半部飞行甲板着舰区已经画出……

大量海军人员开始在舰上熟悉环境,烟囱冒出黑烟……

2011年8月4日,航母甲板上刷出了鲜艳的飞机跑道——

至此,中国第一艘航母的建造工作基本完成(见图1-3)。

这个崭新的庞然大物,除船体来自国外,其余设施均出自国产。

图1-3 建造完成的航母平台16号舰

为了检验建造技术和国产设备的性能,航母平台先后进行了十次出海航行试验。

2011年8月10日,中国首艘航母开始进行首次出海航行试验。此次试航为厂方测试,具体测试引擎、电子系统、导航设备、火力控制等内容。

2011年11月29日,航母进行第二次海试。航母甲板上已经标注了飞机起降区域和起飞标志线。歼-15舰载机飞赴航母测试海域,进行适应性训练。

随后,航母平台进行了多次海上航行试验,经过多个不同水域,航行距离或远或近,所经航道或宽或窄,气象条件或好或坏,实验项目有多有少,航母平台都经受住了考验。

经过测试,中国人建造的航母平台不仅开得动、跑得起来,而且操作灵活、行动自如,舰上各类装置、设备性能良好、运转正常,尤其是一批先进的电子系统、通讯设备和武器系统,显示了中国军事科学技术所达到的高度。

2012年9月2日，中国航母粉刷上舷号"16"。新舷号采用了中国海军正在试用的"黑边白字"的新型美式涂装。

2012年9月19日中国首艘航母粉刷一新，挂出满旗，水兵开始练习站坡，铺设用来迎宾的红地毯。准备迎接即将到来的交船仪式。

"中国做到了别人做不到的事"

在航母服役前，有些外国专家一直认为，中国难以成功修复这艘苏联时代的航母。许多美国和俄罗斯军工专家都认为，没有美国或俄罗斯的技术支持，任何一个国家都不可能自主建造航母，即使修复一艘遭废弃的航母也不可能。

中国能成功修复"瓦良格号"，使其华丽变身为中国第一艘航母"辽宁号"，中国舰艇制造业创造了一个被西方人称为"不可能实现的奇迹"。

新建成的"辽宁号"航空母舰，配备了数千名精心挑选、训练有素的优秀官兵。为了满足大型水面舰艇以及配套的新型潜艇和战机等一批新型武器装备列装的需要，海军开办大型水面舰艇军事指挥班、核潜艇艇长改训班等专门班次，为新装备培养储备了一批指挥员和技术骨干。同时，实施了新兴专业人才培养，积极开展改装培训、协作培养和国外留学，圆满完成了大型水面舰艇和新型潜艇部队等单位数千名官兵的选配工作，保证了新装备如期试验和训练。

潜艇

潜艇（submarine）又称潜水艇，是能够在水下活动和作战的舰艇，大型潜艇公认可成为战略性武器。可单独或与其他兵力协同完成战略、战役和战术任务。其功能包括攻击敌人地面和水上军事目标，为航母战斗群和驱逐舰、护卫舰编队护航，保护己方海上交通线和破坏对方海上交通线，执行布雷、侦察、运输、救援和遣送特种部队等任务。具有低噪声、隐蔽性、较大的续航能力和作战半径、较强的水下探测能力和突袭能力等特点，可远离基地，在较长时间和广阔海域实施独立作战。按作战使命分为攻击型潜艇与战略导弹型潜艇；按动力分为常规动力潜艇（柴油机-蓄电池动力潜艇）与核潜艇（核动力潜艇）；按排水量可分为大型潜艇（2 000吨以上）、中型潜艇（600—2 000吨）、小型潜艇（100—600吨）和袖珍潜艇（100吨以下），核动力潜艇一般在3 000吨以上；按艇体结构分为双壳潜艇、一壳半潜艇和单壳潜艇。

航空母舰上还配备了一系列新型的武器系统。通过肉眼人们能够看到、最为显眼的是安装在舰岛四周的相控阵雷达"中华神盾"。"中华神盾"并不是雷达的正统称呼，而是中外专家与军事爱好者为中国自主研发的相控阵雷达起的外号，其名称可以追溯到美国的"宙斯盾"作战系统。"宙斯盾"作战系统的反应速度快，主雷达从搜索方式转为跟踪方式仅需0.05秒，能有效对付掠海飞行的超音速反舰导弹。中国自主研发的相控阵雷达"中华神盾"的反应速度毫不逊色于"宙斯盾",而且在很多方面远远超过了美国的"宙斯盾"。

中国对外开放"辽宁号"航母的驻泊基地,证明了航母服役后并未出现任何问题,这也说明中国建造大型作战舰艇的能力超出外界的预期。

航空母舰是一个复杂的作战系统。作为大型水面舰艇,交付科研、试验、训练使用后,舰上各类装置、电子系统、武器系统等需要调试,军舰内部各个系统之间需要磨合,与航母编队(航母战斗群)中其他舰艇的协同需要训练,舰载机飞行员训练、舰机协同等都需要较长时间完成。即便是美国海军这样十分成熟的航母使用者,其一艘新航母形成战斗力也需要2—3年时间,对于从没有接触过航母的中国海军来说,这个过程会更长。

航空母舰战斗群(carrier battle group)是一支以航空母舰为首的作战舰队。航空母舰与其他水面与水下舰艇组成编队,形成一个战斗群体。航空母舰能投射大量的空中武力,提供空中掩护和远程打击,攻击能力强大,是战斗群的核心舰船。但是航母本身的防御能力薄弱,所以需要其他舰艇提供保护和供给。按照美国的标准,一个航母战斗群一般会配备三至四艘驱逐舰、一至两艘护卫舰、一艘攻击核潜艇和一艘补给舰。

但是,航道已经开通,航向已经确定。

中国航母必将驶上一条宽阔无边、前景辉煌的航路,驰骋于深海大洋!

三 神鹰绝技任往来——舰载机起降成功

航空母舰最主要的标志性配置是舰载机,而舰载机的自如起降,则是航空母舰能否具有战斗力和威慑力的关键因素。

舰载机

舰载机(carrier based aircraft)是以航空母舰或其他舰船为基地的海军飞机和直升机,用于攻击水面、水下、空中和地面目标,以及遂行预警、侦察、巡逻、电子对抗、垂直登陆、目标指示、补给、救护等保障任务。其是配备在航空母舰上的主要武器,性能和数量决定着航空母舰的战斗能力。航母上的舰载机一般有:专司航母编队防空任务、负责截击来犯敌机的制空战斗机,负责防空和对地面/海上目标远程打击任务的战斗/轰炸机,负责空中预警的预警机,负责对各种目标进行电子干扰/破坏的电子战飞机,负责反潜的反潜飞机,负责搜救等任务的直升机,负责空中加油的加油机,负责舰队和陆地间的人员、货物运输的小型运输机等。

舰载直升机起降

"辽宁号"航母入列之前,舰载直升机就已在航母甲板上频频起降,完成了多种起降实验和人员运送任务。

在"辽宁号"航母入列后进行的训练中,包括直-8预警直升机在内的多型舰载机已经在航母上实现起降。

2012年10月29日,清晨,南方依然暖风微醺,而渤海湾畔某军用机场上已是冷风砭骨了。

一架舰载直升机轻盈飞离地面,顷刻间,已然飘逸于海空之中。

这架舰载直升机将降落于正在海上执行入列后首次科研试验和训练任务的中国第一艘航空母舰——辽宁舰。

直升机加速向深海飞去,机翼下海水的颜色逐渐由黄色变为绿色,又由绿色变为深蓝。

从900米高空往下看,在大海上游弋的商船或渔船,给人的感觉不过是画家笔下轻抹的一弯细线。

数十分钟后,机身倾角变小,直升机开始减速。

在一望无际的海面上,一个长方形的舰影呈现在我们面前。这,就是让国人魂牵梦绕的航母——辽宁舰。

建立下滑线,调整飞行速度,直升机对着航母着陆区飞去。

巨大的甲板迎面扑来,给人以极强的震撼。

8时56分,直升机在3号黄色圈内准确着陆。

当直升机降落在航母甲板的一刹那,给人的感觉不是落在一艘船上,而是落在一个岛上(见图1-4、图1-5)。

登上辽宁号,双脚踏在被人们称为"世界上最危险的4.5英亩"的航母甲板上,亲眼目睹这个庞然大物,你才知道什么叫"海上巨无霸"。

图1-4 舰载直升机起降

图1-5 直-18直升机停在航母上

一落一跃惊天地——歼-15成功起降

固定翼舰载机在航母起降，是航母形成战斗力至关紧要的一环。

但是，固定翼舰载机起降的技术难度极大，历来被称为"刀刃上的舞蹈"。

"辽宁号"航空母舰配置的固定翼舰载机，是中国最新研制的歼-15。歼-15舰载机的成功起降就成为人们普遍关注的热点问题。

2012年10月29日，歼-15舰载机成功于"辽宁号"上触舰复飞。

 歼-15舰载机

歼-15舰载机（绰号：飞鲨）以国产歼-11战斗机为基础，参考苏-33原型机T-10K-3号机，由中国航空工业集团公司沈阳飞机工业集团承担研制和发展的重型双发舰载战斗机。歼-15属于第四代战斗机改进型，即第四代半战斗机。

歼-15拥有可折叠机翼，配装2台大功率发动机，全新设计了增升装置、起落装置和拦阻钩等系统，具有优良的作战使用性能，实现了着舰要求的飞行特性。2009年8月31日歼-15首飞成功。2012年11月23日，歼-15在"辽宁号"航空母舰甲板上首降成功。

此时,"辽宁号"由数艘驱逐舰及潜艇伴随,以航母编队的方式出海进行训练,舰载机实战降落测试是其中的重要项目。

中午时分,指挥室传来了飞行通报:"舰载机一架,临空我舰!"

很快,远方的天空中传来舰载机的低吼声,航空部门的指挥员紧紧盯着面前的显示屏,密切跟踪正在空中调整飞行姿态的舰载机。

一架舰载机朝舰艉呼啸着飞来,800米、500米……

伴随震耳欲聋的喷气式发动机轰鸣声,起落架轻触甲板,似蜻蜓点水,如海燕凌波,在甲板尽头猛地仰头拉起,冲向苍穹。

这轻轻的一"触",惊心动魄,意味深长,非同凡响。它承载了第一代航母人的酸甜与苦辣、光荣与梦想!

歼-15完成了舰载机起降的第一步——触舰复飞。

但是,真正的舰载机起降考验是平稳降落在航母和从航母安全起飞。

2012年11月23日,是一个值得永久纪念的划时代的时刻——

首批舰载战斗机试飞员之一戴明盟驾驶552号歼-15战斗机,首次在航母上成功实施阻拦着舰降落和滑跃起飞。

2012年11月23日,天气晴好。

一大早,歼-15飞机的陆地机场和在大海上航行的辽宁舰就同时忙碌起来,一边在准备飞机起飞,一边在准备迎接飞机着舰。

 滑跃起飞

滑跃起飞即滑跃式起飞，是舰载机的一种起飞方式。滑跃式起飞是让飞机从12°左右的滑跃式甲板起飞。这需要飞机发动机具有很强的推动力，在短时间、短距离内推动飞机达到起飞速度。

滑跃式起飞有很多优点：技术简单、维护方便、节约淡水等等，但滑跃式起飞的飞机不仅载量小，滞空时间短，致命缺陷是滑跃起飞的航母不能装载要求速度慢、持续巡航6个小时以上的预警机。

海军航空兵飞行员驾驶歼-15飞机，执行首次着舰任务。

飞机起飞后，海军驻飞机制造厂军事代表室的副总代表迅速登车直奔飞行指挥塔台。歼-15上装有摄像头和图像传输设备，飞机前方的图像就像电视直播一样被传输到塔台的大屏幕上。大家紧盯着大屏幕，谁也不说话，塔台上安静极了。

此时，辽宁舰正航行在离机场不远的海面上，歼-15飞行十几分钟就到达了辽宁舰的上空。

歼-15在航母的上空盘旋了一周，建立航线，开始着舰。

飞机从400米的高度，以240千米的时速飞向航母。

这时，飞行员在高空看航母，巨大的航母就像一

枚小小的邮票。距离越来越近，邮票大小的航母在迅速变大。

就在飞机即将触舰的瞬间，塔台大屏幕上的画面图像突然消失，屏幕上出现"信号传输中断"的字样。

面对黑屏，所有的人都屏住了呼吸，紧张的心都提到了嗓子眼。

几秒钟之后，图像又出现了，飞机正在上升。

原来，在飞机高度较低的情况下，机上的视频信号受岸边山脉的遮挡，不能正常传输到指挥塔台。现在飞机提升了高度，图像又出现在屏幕上。

刚刚发生的情况，其实是舰载机完成真正着舰前的一次预演。大家虚惊一场，但现场的气氛仍然十分紧张。

飞机升上高空，再次建立航线，再次飞向航母，黑屏现象也再次出现。虽然这一次大家都有了心理准备，但是在图像信号中断以后，还是不由得把心提了起来，谁也不说话，塔台上死一样寂静，大家目不转睛地盯着黑屏，都在默默地等待着。

"叮铃铃……"

突然，塔台上的电话响了起来，把大家吓了一跳。

指挥员迅速抓起电话，电话里传来一个激动的声音："成功了！"

电话是从航母上打来的，歼-15首降成功！

顿时，塔台上所有的人都"哇"的一声叫起来，鼓掌、欢呼、雀跃，很多人流下了激动的眼泪。

据有关专家介绍，舰载机首次着舰的成就和意义，完全可以与航天行动相媲美。舰载机着舰完全依靠飞行员手动操作，而且整个过程都处于"亚安全状态"，其难度远远大于航天员的太空任务。欧美国家的航母舰载机在上舰阶段，都出现过机毁人亡的事故，而中国海军的舰载机在这个阶段是零伤亡。这既是飞行员个人努力的结果，也是指挥员科学组织指挥的结果。

人民海军在这样短的时间内，就取得了如此骄人的成绩，怎能叫人不激动呢？

歼-15的"惊天一落"，标志着中国航母建设正在进入具有实战能力的新阶段（见图1-6）。

图1-6 552号歼-15首次成功着舰

稍事休整后，飞行员驾驶歼-15飞机进行首次舰上起飞。

歼-15飞机从滑跃甲板上冲天一跃，完成了歼-15的首次滑跃升空，展现出了歼-15飞机最炫目的英姿。

这冲天一跃，标志着歼-15飞机的试飞工作进入了一个新的阶段,也标志着中国海军航空兵的发展迈上了一个新的台阶。

辽宁舰入列服役,歼-15着舰起飞,迈出了中国海军从浅蓝走向深蓝的海军现代化建设的重要一步。

陆地模拟练神功

歼-15舰载机在辽宁舰上顺利着舰、起飞,一次完成,创造了世界舰载机起降史上的一个奇迹,令很多老牌的航母国家感到十分意外。

但对于中国海军航空兵来说,这一点都不意外。歼-15的"惊天一落""冲天一跃",是中国海军航空兵精心准备、长期演练的必然结果,可谓水到渠成,自然而然。

在"辽宁号"航母建造的同时,有关方面就确定了将中国最先进的歼-15作为舰载机,并根据航母舰载机的特殊要求,对歼-15进行了相应的提高改造。海军航空兵精心选择一批优秀的飞行员开始针对性训练。

中国舰载战斗机培训分"两步走":首先是在陆上模拟训练,然后到海上实战训练。

海军航空兵部队在濒临大海处建设了一个训练机场。为了达到飞机一起飞就能见海的效果,建造机场的时候,削平了海边的两座山头。

机场的跑道是南北向的,乍一看,这个机场的跑道与其他机场的跑道没什么不同,但登上塔台以后,就会看到机场跑道的两端都画有一个与航母甲板1:1比例的图案。甲板图案尾部有一道阻拦索，跑道下面有一部阻拦机。放置阻拦机既是为了便于飞行员练习着舰，也是为了测试阻拦机自身的性能。

众所周知，来到中国的"瓦良格号"，所有武器、电子系统均已拆除或者破坏，俄罗斯方面也拒绝出让阻拦索技术。中国海军只能自行研制阻拦索。中国自行研制的阻拦索好不好用，技术过不过关？需要在陆地上经过反复试验，成功后才能装到舰上去。

陆地机场画有航母甲板的一号跑道，正是为了测试自行研制的阻拦索性能。试验结果证明，中国自行研制的阻拦索性能可靠。

一号跑道的东侧，是训练飞行员驾驶飞机起飞用的二号跑道。二号跑道很短，跑道的两端是模拟航母舰首的滑跃甲板。飞行员正是通过这种地面模拟练习，为将来航母在海上航行时的起飞做准备。

航母舰载机的起飞一般有两种方式，即弹射起飞和滑跃起飞。美国航母舰载机利用舰载机弹射器弹射起飞，而俄罗斯航母舰载机则采用滑跃起飞方式。航母的甲板很短，供飞机起飞的跑道长度只有100来米，滑跃起飞的舰载飞机只能通过舰首翘起的滑跃跑道冲上天空。

舰载机弹射器

舰载机弹射器（aircraft carrier catapult）是为舰载机起飞提供助推动力、增大起飞速度、缩短滑跑距离的装置，用于大、中型航空母舰，有液压弹射、蒸汽弹射和电磁弹射三种。目前液压弹射技术已逐渐被淘汰，应用最广泛的是蒸汽弹射器。蒸汽弹射器是一种活塞冲程很长的往复式蒸汽机，由主锅炉提供的高压蒸汽推动活塞带动弹射轨道上的托梭，带动与之相连的舰载机加速滑跑起飞。飞机引擎的动力加上蒸汽压力，在50—95米滑跑距离内使飞机达到起飞速度而起飞。20世纪90年代美国开始研制电磁弹射器，2013年10月在福特号航母上首先装备。电磁弹射是一个复杂的集成系统，其核心是直线弹射电动机，带着一个沿弹射器轨道滑行的往复车。电动机得到供电，往复车在电磁力的作用下，拉着飞机沿弹射冲程加速到起飞速度。飞机脱挂后，往复车受到反向力的制动，低速回到出发的位置。电磁弹射器体积小、能耗低、准备时间短、弹射品质高，未来有可能替代蒸汽弹射器。

滑跃起飞充满了危险，对飞行员的驾驶技术和心理素质都有极高的要求。

飞行员驾驶飞机高速冲向滑跃甲板时，高高翘起的滑跃甲板就像一堵高墙，挡住了视野，飞行员往往会感觉心情非常紧张。这个时候，滑行速度上去了，飞机就会借助甲板的仰角飞上天空；假如速度下来了，飞机就会掉到地上，机毁人亡。

2011年7月的一天，舰载机飞行员驾驶歼-15飞机在模拟滑跃甲板上进行起飞训练。

战机在轰鸣，歼-15冲向跑道，巨大的轰鸣声把整个大地都震得颤抖起来。只见战机在滑跃甲板瞬间挑起,呼啸着升腾而上,直入长空。

起飞一举成功。

歼-15具有最完美的外形设计和空中机动性能,是世界上最漂亮的战机之一。

最优秀的飞行员和最完美的战机,共同进行了一项划时代的飞行试验,创造了中国军事史的奇迹!

"航母 style"

戴明盟驾驶歼-15飞机在辽宁舰甲板上成功降落起飞后,又有4名飞行员驾驶歼-15飞机在辽宁舰甲板上降落、起飞。

紧接着,一张飞行助理指挥舰载机起飞手势的照片在网络上走红,有网友将飞行助理马甲上的"起飞"二字改为"走你",于是在网络上刮起一阵"航母 style"旋风(见图1-7)。

图1-7 "航母 style"

有网友评论说:"这是一个有力的动作,这是一个自信的动作,这是一个自豪的动作。"

"起飞"—"走你"这个简单的动作,何以引发万千网友热烈的追捧呢?

据辽宁舰副航空长介绍,由于飞机起降时声音巨大,对舰载机下达的所有口令都是通过手势来表达的。在一个起落架次中,就能看到30多种手势。飞行助理"走你"这个看似简单的动作,也是经过反复练习的。

副航空长说:"在起飞过程中,飞行员无法感知外界因素。我们的手势要求及时、准确、规范……为了达到这个要求,大家都刻苦练习,经常累得手都抬不起来了。"

其实,"走你"——起飞,相对于"来你"——着舰,要容易许多。

起飞的时候,飞行员只要开足马力向前一冲,就完成了。尽管需要技术、胆量和勇气,但是和着舰相比,要简单得多。

舰载机降落有两种方式:一是采用阻拦索,二是垂直/短距降落。垂直降落适用于直升机和具有垂直起降功能的特种飞机,因此应用范围较窄,大量使用的还是阻拦索。

美俄的航母都有4条阻拦索,飞机降落时尾部放下着舰钩,钩住4条阻拦索中的一条即可。但有严格的降落速度要求,速度过大可能导致飞机损坏。如果飞机着舰钩发生故障不能放下,就采用紧急降落方式:在甲板中部架起尼龙阻拦网,全体出动几分钟即可架起,飞机冲向网中被拦住。此时严阵以待的消防车和救护车进行救护，因为飞行员肯定已经在强大的负加速度作用下昏迷了。

飞机在航母上降落，与在陆地降落不同，不仅仅是跑道的长度发生了变化，而且操作的理念也完全不同。飞机在陆地机场降落时要减速，舰载机着舰时却要加速——一旦挂索失败，便于"逃逸复飞"。如果减速，挂索失败后的飞机就飞不起来，就会坠入海中。

飞机着舰是世界性技术难题，被称为"刀尖上的舞蹈"。

那么，这个"刀尖上的舞蹈"的场地有多大呢？

歼-15飞机总设计师给出答案：时速240千米的飞机必须精确地落在航母甲板尾部的4根阻拦索之间，每根阻拦索间隔12米，有效着陆区只有36米。而着陆区的宽度，还不及陆地跑道的一半。

驾驶舰载机进入着舰状态的初始高度是400多米，时速240千米。飞行员面对的是看上去像一枚邮票大小的航母。这时，航行中的航母在动，始终随波浪晃动；飞机在动，不断在空中调整姿态；空中的风也在"动"，忽大忽小，忽左忽右。这些"动因"，都在给飞机着舰增加着难度。

航母试验试航副总指挥形容飞机着舰："就好比在高速晃动中玩穿针引线的细活儿。"

由此可见，"来你"真的比"走你"难啊！

"航母style"——

舰载机一路平安！

2016年12月25日，"辽宁号"编队穿越第一岛链，进行跨区远海训练。

2017年7月,香港回归祖国20周年,人民解放军驻港部队进驻20周年。人民海军"辽宁号"航空母舰编队在跨区机动训练中抵香港。香港市民登上"辽宁号"参观,掀起极大热潮。

第二章

在战火淬炼中挺进深蓝
——中国海军的发展历程

中国是一个海洋大国，中国的海区有着丰富的水产资源、油气资源和海洋能源。建设一支强大的海军，是国家安全和经济建设所必需，也是决策者深为关注的重大议题。

早在海军初创之时，毛泽东等第一代党和国家领导人就纷纷为海军题词，倡导和支持海军建设。

1949年8月29日毛泽东第一次为海军题词："我们一定要建设一支海军，这支海军要能保卫我们的海防，有效地防御帝国主义的可能的侵略。"

20多天后，毛泽东在中国人民政治协商会议上郑重宣告："在英勇的经过了考验的人民解放军的基础上，我们的人民武装力量必须保存和发展起来，我们将不但有一个强大的陆军，而且有一个强大的空军和一个强大的海军！"

此后，至当年12月间，朱德、刘少奇、周恩来也先后为海军题词。

朱德总司令题词:"虚心学习,努力工作,建设一支人民的海军。"

刘少奇副主席题词:"建设人民的海军,巩固国防。"

周恩来副主席题词:"为建设中国人民海军而奋斗。"

1953年2月19日,毛泽东在武汉首次登上人民海军的战舰。在考察期间,毛泽东5次挥毫写下了同样的题词:"为了反对帝国主义的侵略,我们一定要建立强大的海军。"(见图2-1)

图2-1 毛泽东为海军题词

中国人民解放军海军的建设肇始于新中国建立前的解放战争时期。人民解放军海军成立于1949年4月23日。最初它仅能满足近岸防御需要,然后逐步发展成为一支近海防御型海军,再经过新世纪大发展后,成为一支初显远洋海军雏形的海上力量。到目前为止,中国海军已经成为一支由潜艇部队、水面舰艇部队、航空兵、岸防兵和陆战队等五大兵种及专业部(分)队组成,下辖北海、东海、南海三个舰队和海军航空兵部队,以及舰队下辖基地、水警区、舰艇支队、舰艇大队等,体系完善、初具规模的现代化军种。中国海军已拥有新型导弹驱逐舰、导弹护卫舰、导弹护卫艇、导弹快艇、猎潜艇、常规潜艇和核潜艇等主战舰艇，质量不断提高。海军航空兵现已装备了轰炸机、巡逻机、电子干扰机、水上飞机、运输机等勤务飞机。海防导弹形成系列，不仅有岸对舰导弹、舰对舰导弹，还有舰对空导弹、空对舰导弹、空对空导弹等武器装备；已建成一批"军港城""机场网""仓库群"，拥有潜艇基地、水面舰艇基地和西沙群岛、南沙群岛、驻香港舰艇大队等后方基地，拥有大型油水船、测量船、打捞救生船、运输船、拖船、医院船等多种勤务舰船构成的后勤保障力量；实现了直升机上舰、电子战上舰、新型舰炮上舰、战术软件上舰、深水炸弹反潜武器系统化、舰舰导弹超视距、鱼雷加装智能头、护卫舰全封闭等几十项要害技术的突破，并在远海机动能力和战略投送能力的提高，大型水面战斗舰艇、水下自持力和隐身性能好的新型潜艇、超音速巡航作战飞机、精确化突防能力强的远射程导弹、大深度高速智能鱼雷、通用性兼容性好的电子战装备等新一代武器装备的研制方面，取得了巨大的进步。

2012年9月25日，中国第一艘航空母舰"辽宁号"交接入列，尽管当时的"辽宁号"距形成实战能力还有很长的路要走，但它标志着人民海军的发展掀开具有里程碑的一页，拉开了中国建设蓝水海军的序幕。2017年4月，我国自行研制的第一艘航空母舰下水。

几十年来，人民海军走过了一条从无到有、从小到大、从弱到强，从江河到海岸、从海岸到海洋、从近海到远海的发展道路。

驱逐舰

驱逐舰（destroyer）是以导弹、鱼雷、舰炮、舰载直升机为主要武器，具有多种作战能力的中型水面战斗舰艇。是海上舰艇编队的重要舰种之一，用于舰艇编队防空、反舰、反潜，以及护航、侦察、巡逻、警戒、布雷、袭击岸上目标、支援和掩护登陆等，也可单独和协同其他兵力执行任务。广泛的作战职能使得驱逐舰成为现代海军舰艇中用途最广的舰艇，有"海上多面手"称号。排水量3 000—16 000吨，航速29—32节。

护卫舰

护卫舰（frigate）是以反舰/防空导弹、中小口径舰炮、水中武器（鱼雷、水雷、深水炸弹、反潜火箭弹等）为主要装备的中型战斗舰艇。它可以执行护航、反潜、防空、侦察、警戒巡逻、布雷、支援登陆和保障陆军濒海翼侧等作战任务，曾被称为护航舰或护航驱逐舰。是当代世界各国建造数量最多、分布最广、参战机会最多的一种传统的海军舰种。

一 从陆地驶向江海——中国海军初创成军

启航白马庙

1948年12月,毛泽东、刘少奇、周恩来、朱德、任弼时等领导同志聚集一起,商议组建人民海军。

100多年来外国列强大多从海上入侵中国的历史,解放战争期间国民党陆军残余部队在国民党海军和美国海军掩护下从海上逃跑的事实,以及当时的国内外复杂局势,使毛泽东等人意识到海军的重要性,催生了建立人民海军的设想。这个设想,写进了1949年1月8日党中央政治局会议通过的《目前形势和党在1949年的任务》决议。

在这以后,毛泽东主席在多种场合,重申了建设人民海军的决心,并指示第三野战军前敌委员会,尽快在渡江战役前后先把华东区的海军组建起来。

1949年,谷雨时分,长江北岸的苏中小县泰州,正是青苗青菜花黄的季节。河堤上匆匆奔来一队骑马的军人,向着白马庙村方向疾驰而去。马奔如风,蹄声得得,地上腾起一片如浪的黄尘。

这群黄衣骑手,就是张爱萍和他率领的组建人民海军的同志们。

4月23日,渡江战役取得重大胜利,南京解放。

就在渡江战役的隆隆炮声中，国民党海军少将林遵率领国民党海防第二舰队所属的25艘舰艇和1 200余名海军官兵，在南京笆斗山江面起义，加入人民解放军。

军委决定：三野立即组建海军，定名为中国人民解放军华东军区海军。

张爱萍受命带着13名同志，着手组建工作。

下午1时30分，张爱萍召集参加海军组建工作的13名同志，宣布："今天，1949年4月23日，是中国人民海军诞生的第一天！""现在，在座的13位同志，就是人民海军第一批报到的成员！"

华东军区海军在远离大海的江苏泰州白马庙宣告成立，张爱萍任司令员兼政治委员，林遵被任命为华东军区海军第一副司令员（见图2-2）。

中国人民解放军历史上一个新的军种——人民海军，在战火中诞生了。

1949年4月23日被定为中国人民解放军海军成立日。

图2-2　白马庙海军诞生纪念馆

"他们是国宝,是国家的财富"

1949年8月25日,上任4个月零2天的华东军区海军司令员张爱萍将军接到军委通知,请他和林遵进京,毛主席要接见他们。

张爱萍将军没有感到意外,他知道,这是毛泽东主席要表示对海军同志的嘉勉了。

华东军区海军成立以来,确立了以人民解放军陆军为基础,团结原国民党海军人员共同建设人民海军的原则,并在《大公报》上发表通告,召唤曾在国民党海军中工作而今志愿为人民海军服务者,报名登记,并强调指出:"凡曾在国民党海军服务,不论脱离迟早,不论官佐士兵或阶衔高低,不论航海、轮机、制造、枪炮、通讯、测量、军需、医务或其他行政人员,均可前来登记。"很快,陆续起义的国民党海军人员和投身到人民海军来的人员总数达到4 000余人,形成了一支人数相当可观的技术队伍。

1949年8月28日上午,毛主席在中南海接见了华东军区海军的代表。这既是对海军建设的关心,也是对华东军区海军成绩的肯定。

张爱萍向毛泽东引见了几位"老海军",并介绍了在座的原国民党海军将军林遵、曾国晟、金声、徐时辅等人的贡献。

毛泽东对率领国民党海军起义的林遵极为关心,称赞他为我军渡江、为解放战争的胜利立了大功。又特地对林遵、曾国晟、金声、徐时辅说:"你们有丰富的海军知识和经验,有科学技术。我们新海军同志要向你们学习;人民解放军有优良的政治工作和战斗作风,你们也要向新海军学习;新老海军要团结,相互学习,取长补短,共同为建设强大的人民海军而奋斗!"

毛主席转身对张爱萍说:"他们是国宝,是国家的财富,你要很好地关心他们。"

毛主席的谈话深深地打动着几位老海军。他们这些人从青年时代就带着富国强军、报效国家的梦,到国外学习海军专业技术和本领。但是多少年来,他们都没能实现自己的梦想。毛主席的谈话,使他们进一步感到只有共产党才能救中国,在中国共产党领导下的人民海军一定能够由小变大,由弱变强。

坐渔船视察的海军司令

图2-3　人民海军首任司令员萧劲光

1950年初,中央军委决定成立中国人民解放军海军领导机关。

毛泽东点将,萧劲光出任海军司令员(见图2-3)。

当时中国海军的家底十分薄弱。刚刚上任的海军司令员萧劲光面临的困难是巨大的。

1950年3月,萧劲光

到威海刘公岛视察，只能租当地渔民的渔船。

船老大惊讶极了，问他："你是海军司令，怎么还租渔船？"

登上码头后，萧劲光语气沉重地对随行人员说："记下来，1950年3月17日，海军司令员萧劲光乘渔船视察刘公岛。"

海军司令员租渔船的尴尬，让萧劲光憋着一口气。

1950年4月14日，中国人民解放军海军领导机关成立大会在北京召开。

海军领导机关的建立，标志着人民海军正式成为中国人民解放军的一个军种。

但是，萧劲光却必须白手起家，包括他的司令部。当时，海军机关的900多名工作人员，分散在北京3个不同的地方办公。萧劲光租住在一栋简易楼房的二楼，一楼就是海军的会议室。

众所周知，人民解放军的基础本是靠脚底板运动的陆军，从井冈山走到延安，从未有过水战经历。即使是百万雄师过长江，也谈不上真正意义的水面作战。而海军不同于陆军，具有较高的技术含量，它不仅需要技术先进的装备，也需要大量拥有专业知识的技术人才。

但是，初创时期的中国海军，一缺装备，二缺人才。全部的装备只是从国民党海军那接收的几十艘破旧不堪、几乎不能再使用的舰船和小艇，而海军专业人才建设更是几乎为零。

为迅速使新生的海军形成作战能力，解放军从陆军部队中抽调了部分人员作为海军的骨干力量，并吸收大量的革命青年知识分子和科技人员，同时积极做好原国民党海军官兵的团结教育工作，共襄大业。

1950年9月，以陆军第11军军部机关直属队为基础组建了海军青岛基地；1950年12月，在华南军区海军司令部的基础上，扩建成中南军区海军。经过艰辛努力，在人民海军成立一周年之际，年轻的人民海军已经拥有了三个舰队（相当于支队）的规模。

1955年9月21日，中南军区海军改称为中国人民解放军海军南海舰队。

1955年10月24日，华东军区海军改称为中国人民解放军海军东海舰队。

1957年，人民海军在青岛首次进行海上阅兵，接受中央领导检阅。

短短几年，海军建成了包括水面舰艇大队、潜艇部队、海军航空兵师、海岸炮兵团等多兵种及各种专业勤务部队，成为一支初具规模的新型海上战斗力量。

从白马庙启航的中国海军，驶入了新的领域，踏上了保卫祖国海疆、开拓海洋事业的航程。

解放一江山岛

东海舰队成立后，因处台湾海峡前沿，长期担负在海防前线的战斗值班、战备训练、护渔护航、巡逻警戒等繁重任务，并与国民党海军有过几次交战。最著名的就是解放一江山岛。

1954年5月，国民党军在加强各岛防御的同时，加速与美国商谈"共同防御"问题。

美国在朝鲜战场停战后，企图继续利用中国领土台湾、澎湖制造两个中国，以便把台湾纳入其"西太平洋军事安全体系"之中，在西太平洋沿岸构筑一道半月形防线和包围圈，对我实行政治孤立、经济封锁和军事威胁。台湾当局企图借美国的援助阻遏人民解放军进一步解放沿海岛屿和台湾。

为粉碎美国与台湾当局"共同防御"阴谋，进一步改善浙江沿海对敌斗争态势，锻炼和提高三军协同作战能力，并为继续解放沿海岛屿和最后解放台湾创造条件，军委批准华东军区组织陆、海、空三军联合作战，解放一江山岛。

1955年初，浙东沿海，寒风料峭。

解放军陆海空三军在大猫山登陆演习顺利结束，基本掌握作战海域的局部制海制空权，进攻一江山岛的各项准备工作均已就绪。

1月18日上午8时，海军航空兵图-2轰炸机一个大队，在大队长马连成带领下，轰炸了大陈岛敌指挥部、炮兵阵地及其他重要军事目标，拉开了攻占一江山岛战斗的序幕。

中午时分，海军航空兵及海军舰艇出动，对一江山岛开始实施攻击（见图2-4）。

14时30分，搭载登陆部队的登陆艇（船）实施突击登陆时，海军航空兵又在大陈岛以北进行空中掩护。登陆部队上陆后，仅35分钟就抢占了主峰，迅速向纵深发展，17时35分全部攻克了一江山岛。

19日2时，残敌全部被肃清。

图2-4 一江山岛战役开始

 登陆艇

登陆艇（landing craft）是一种小型两栖舰艇，它是为输送登陆兵及其武器装备、补给品登陆而专门制造的舰艇。登陆艇可以运送登陆兵及其武器装备在岸滩直接登陆。可在由岸到岸登陆中，输送登陆兵、车辆、坦克和物资直接登陆；或在由舰到岸登陆中，作为换乘工具。按主要装载对象分为人员登陆艇、车辆登陆艇和坦克登陆艇等。按排水量和装载能力分为小型、中型和大型登陆艇。小型登陆艇，满载排水量10—20吨，续航力约100海里，能装载登陆兵30余名或物资3吨左右。中型登陆艇，满载排水量50—100吨，续航力100—200海里，能装载坦克1辆或登陆兵200名或物资数十吨。大型登陆艇，满载排水量200—500吨，续航力约1 000海里，能装载坦克3—5辆或登陆兵数百名，或物资100—300吨。

一江山岛登陆战役是解放军首次诸军种的联合作战，规模虽然不大，但体现了现代登陆作战的基本形式和组织实施方法。

在人民解放军华东军区浙东前线指挥所统一指挥下，此次战役人民海军共出动46艘护卫舰、炮舰和护卫艇，紧急组建4个登陆运输大队共148艘各式船艇，与陆、空军部队密切配合，打出了人民海军的威风。

 筑起海岸长城——建设近岸防御海军

 "潜、飞、快"

在20世纪五六十年代，中国海军针对我国的具体情况，提出了发展"潜、飞、快"（也称"快、空、潜"）的方针，将潜水艇、陆基海军航空兵以及快艇部队作为发展的重点，建设现代化的、富有攻防力的、近海的、轻型的海上战斗力量。

20世纪50年代中期，中国海军得到了苏联的大量援助，赢来了第一个大发展阶段。

1954年，中国政府在中央财政异常紧张的情况下，拨出巨款，采购了苏联制造的四艘驱逐舰，被中国海军称为"四大金刚"，成为当时中国海军的标志性舰艇。随后又购买一批舰艇，获得了众多的器材设备和大量的潜艇、导弹快艇、反舰导弹等装备设备的设计资料，并通过技术转让的方式准备仿造常规潜艇和导弹快艇。当时中国海军从苏联购买的这些装备,构成了海军力量的中坚。

在苏联的援助下,中国建立了军用造船工业基础,仿制了多种型号的鱼雷快艇、高速护卫艇、轻型护卫舰、潜艇、反舰导弹等海战装备,从而开启了中国海军发展的"潜、飞、快"时代(见图2-5、图2-6、图2-7)。

 鱼雷艇

鱼雷艇(torpedo)又称鱼雷快艇,是一种以鱼雷为主要武器,用于近海作战的小型高速水面战斗舰艇。在其他兵力协同下,主要在近岸海区以编队方式对敌人大、中型舰艇实施鱼雷攻击;也可担负巡逻、警戒、反潜、布雷等任务。鱼雷艇体积小,航速高,机动灵活,隐蔽性好,攻击力强;但耐波性差,活动半径小,自卫能力弱。现代鱼雷艇有滑行艇、半滑行艇、水翼艇3种船型。排水量40—350吨,最大航速40—50节,续航力400—1 000海里,自给力2—5昼夜,在3—5级海情下能有效地使用武器,4—6级海情下能安全航行。

图2-5 鱼雷快艇

图2-6　125吨级的高速护卫艇

图2-7　第一艘国产潜艇下水

1958年8月15日，中央军委提出了1959—1962年军队装备建设规划，其中规定，海军应以发展潜艇为重点，并相应发展以快艇为主的水面舰艇，目的在于建成一支近海防御的海军。以海军航空部队有效地控制展开海域的制空权，由潜艇部队和高速护卫艇、鱼雷及导弹快艇等轻型近岸突击兵力快速出击，可以避免敌对势力侦察系统的早期预警，从而避免其优势的海空打击力量的攻击。

"潜、飞、快"的轻型海上战斗力量建设思想，显然是师承了"老大哥"苏联海军的思想。苏联海军建设的策略实际上是陆军的延伸。当时的中国，科技、工业水平和军费都处于较低的水平，近海出海口大多为敌对势力封锁，而且随时可能遭到国民党军队的骚扰以及美国和西方军事集团的入侵，在这样的背景下，要使一个海军力量相当薄弱、幅员辽阔的大国，能在短期内迅速形成对大规模海上入侵实施有效遏制的战略，"潜、飞、快"无疑是较为可行的选择。

新中国成立后的一段时间里，"潜、飞、快"的海军建设思路很好地实现了中国海军防御的目的，肩负起了护卫海防安全的神圣使命。1956年海军第一次党代表大会通过的以发展空、潜、快为主，并相应地发展其他各兵种的建设方针，成为相当长一段时间里中国海军的装备特色，也应运而生形成了相应的战略战术，为这个时期中国海军的建设烙上了深深的时代印记。

到20世纪60年代，中国已经培养出了造船工业的第一批技术力量，发展了65型火炮护卫舰、021型导弹快艇、037型猎潜艇、033型常规潜艇等装备。同时，这些装备的引进、仿制和自主研发、制造，在某种程度上甚至改变了海军的发展规划。至70年代海军主战及后勤装备已基本成型配套，逐渐完成了水面舰艇部队、潜艇部队、航空兵、岸防兵和陆战部队等兵种以及各种勤务保障部队组建工作，近海防御的基本格局已经形成。

猎潜艇

猎潜艇（submarine chaser）是以反潜武器为主要装备的小型水面战斗舰艇。又称反潜护卫艇。主要用于在近海搜索和攻击潜艇，以及巡逻、警戒、护航和布雷等。猎潜艇航速较高，机动灵活，搜索和攻击潜艇的能力较强；但适航性较差，防护力较弱，续航力和自给力较小，适于在近海以编队形式与潜艇作战。现代猎潜艇装有性能良好的声纳、雷达，反潜鱼雷发射管、多管火箭式深水炸弹发射装置、20—76毫米舰炮、射击指挥仪和作战指挥自动化系统等，有的还装有舰空导弹。猎潜艇的满载排水量在500吨以下，航速20—40节，水翼猎潜艇可达50节以上，续航力1 000—3 000海里，自给力3—10昼夜，在3—5级海况下能有效地使用武器，5—7级海况下能安全航行。

"核潜艇一万年也要搞出来"

在空、潜、快为主的建设方针中，潜艇部队的建设是重中之重。

1958年5月27日到7月22日，中央军委召开扩大会议，决定建设中国的潜艇部队，并请求苏联在技术上支持中国海军。

尽管中国海军的早期发展得到了苏联的大力援助，

但随着中苏关系的微妙变化,苏联对中国海军的建设附加了一些不合理的条件。

1958年7月21日,苏联驻中国大使尤金向毛泽东转达了赫鲁晓夫和苏共中央主席团对中国请求技术支持的回应:要求利用中国沿海的良好条件同中国"建立一支共同潜艇部队"。

毛泽东坚决拒绝了苏联的要求,要尤金告诉赫鲁晓夫:"你们帮助我们建设海军嘛!你们可以做顾问。为什么要提出所有权各半的问题?这是一个政治问题。"

7月31日,赫鲁晓夫秘密访华,其间向毛泽东提出了在中国沿海港口为苏联的潜水艇加油,让艇上人员上岸休假的想法。毛泽东斩钉截铁地当场拒绝了。

中国的强硬表态,使苏联的态度有了缓和。

9月8日,赫鲁晓夫专电回答周恩来,同意"在舰艇新技术方面,给予广泛援助",并邀请中国派代表团赴苏商谈。

当时中国国家财政虽然十分紧张,仍尽最大可能拨出2亿卢布外汇给海军引进先进舰艇制造技术。但是,对于提供核动力技术等援助的要求,苏方表示还没有准备好。

1959年,赫鲁晓夫参加中华人民共和国成立10周年大庆观礼,在天安门城楼上再次让毛泽东"最后考虑苏联舰队利用中国沿海基地和联合建立长波电台"。

毛泽东的回答是:不行。

就在这次著名的天安门国庆观礼对话之后,毛泽东在一个指示中指出"核潜艇,一万年也要搞出来"。

 攻击型核潜艇

攻击型核潜艇(nuclear attack submarine)指以鱼雷、水雷和反舰导弹、反潜导弹、巡航导弹为主要武器的核潜艇。分为鱼雷攻击核潜艇、巡航导弹核潜艇、多用途核潜艇。主要用于攻击潜艇和大中型水面战斗舰船、勤务舰船以及陆上重要目标,为弹道导弹核潜艇和航空母舰等大型水面舰艇编队护航,执行侦察、运输、布雷、输送特种人员等任务。排水量2 600—14 000吨,水下航速25—35节,自给力60—90昼夜。

不久,中苏关系破裂。中国自力更生地研发海战武器装备,不但自行批量生产了高速导弹艇、护卫艇、猎潜艇、常规潜艇、军辅船等传统武器,而且研制成功了导弹护卫舰、导弹驱逐舰、核潜艇、水陆两栖坦克等急需的新型装备。

1970年12月26日,中国的核潜艇下水(见图2-8)。

1974年8月1日,中国核潜艇"长征一号"正式服役。

8月19日,朱德在海军司令员萧劲光陪同下,检阅了核潜艇。

朱德问:"这全是我们自己制造的吗?"

萧劲光回答:"舰上所有设备,没有一件是进口的!"

中国从此成为世界上第五个拥有核潜艇的国家。

图2-8　中国第一艘核潜艇"长征一号"

　崇武以东海战

1958年炮击金门期间，9月1日深夜，588艇等7艘百吨位级的高速护卫艇及6艘鱼雷艇，在与国民党海军的海战中，一举击沉国民党海军小型猎潜舰"沱江号"。

1965年8月6日的"八六海战"。国民党海军舰艇护送陆军情报队员企图突击东山岛。人民海军南海舰队鱼雷艇11艘、高速护卫艇4艘、炮舰1艘，在东山岛东南海区击沉国民党海军大型猎潜舰"剑门"号和小型猎潜舰"章江"号。战后国防部授予611号护卫艇机电兵麦贤得"战斗英雄"称号。2017年7月，中央军委授予原91708部队副部队长麦贤得"八一勋章"。

1965年11月14日凌晨，在著名的崇武以东海战（台湾方面称"乌丘海战"）中，国民党海军的两艘中型军舰被我人民海军击沉、击伤。588护卫艇再现海上雄风。

福建省惠安县的崇武地处台湾海峡西岸中部，泉州湾口外北侧。1965年11月13日夜间，国民党海军的大型猎潜舰"永泰号"和护航炮舰"永昌号"向我崇武以东海域窜来，试图执行所谓特殊任务。

当时，国民党海军在东引岛有一艘"太湖号"护卫舰、一艘"柳江号"猎潜舰，在金门锚地有"维源号"和"珠江号"两艘猎潜舰，东引和白犬两岛的小股匪特也有袭扰的征候，乌丘屿有105毫米榴弹炮。

我方在这一区域的兵力，有在娘宫锚地集结待命的高速护卫艇6艘、鱼雷快艇6艘。这是一支特别能战斗的部队，护卫艇和鱼雷艇经过多次协同作战的训练，鱼雷艇编队指挥员张逸民曾参加过多次海战。

北京，人民解放军总参谋部作战指挥室里气氛紧张。

周恩来总理和贺龙副总理来到指挥室，亲自指挥战斗。

22时16分，一声令下，我6艘高速护卫艇在前，6艘鱼雷快艇殿后，以战斗编队离开待机点，成单纵队高速向作战区域驶去。

23时14分，588护卫艇首先发现国民党海军军舰。编队指挥员魏垣武下令第一突击群展开右梯队，准备右舷攻击。

588护卫艇冲在最前面，579、576、577艇紧随其后，像一把把尖刀高速朝敌胸膛捅去。

13分钟后，编队第一突击群突进至离敌舰500米时，魏垣武一声令下："打！"

顿时，山呼海啸，弹火齐飞，我4艘炮艇的全部火力以迅雷不及掩耳之势，向前方敌舰齐射。几分钟之内2 000余发炮弹倾泻而出。

敌舰被打得晕头转向,"永泰号"猎潜舰受重创后,躲进乌丘屿再也不敢露头。"永昌号"护航舰也慌忙向外逃窜。

激战中,魏垣武身负重伤仍不下指挥台,躺在水密门旁继续指挥战斗。

鱼雷艇编队指挥员张逸民接到鱼雷艇出击的信号后,立即命令第二突击组的131、152艇,向敌"永昌号"攻击!

可是敌舰上的火力仍然很猛,机枪和火炮齐发,企图阻止鱼雷艇靠近。敌"永昌号"舰长用舰艏对准鱼雷艇,避开最大舷角,使鱼雷很难命中。

此时,"永昌号"继续南逃。

张逸民一声令下,第一、三两个突击组的4艘鱼雷快艇向敌舰猛追过去。

14日0时30分,第三突击组的145艇冲到离敌舰只有400米的位置,处于最佳攻击态势。

张逸民命令:"单艇射击!"

艇长谈遵树高喊:"预备——放!"

只见两条鱼雷拖着火焰,向敌舰"永昌号"冲去。

"轰隆"一声,敌舰艉部升起水柱火光,马上失去机动能力。

"打中了!打中了!"145艇指战员兴奋地报告。

这时,588、589护卫艇已冲到距敌舰200米以内,588艇炮手葛毅稳操火炮,"咣咣"两发,就把敌舰驾驶台打得火光冲天。葛毅又朝敌舰前甲板炮位猛烈射击,敌舰上顿时血肉横飞,敌官兵纷纷跳海逃命(见图2-9)。

"永昌号"完全失去了抵抗能力。

葛毅又移动炮口,朝水线下猛射。炮弹在敌舰上凿出无数的窟窿,海水灌入,敌舰加速下沉。

1时06分,"永昌号"一个翻身,腾起一团汹涌波涛在海面上消失了。

图2-9 护卫艇攻击敌战舰

3时05分,我海上编队胜利返航。

战后,周恩来总理、罗瑞卿总参谋长接见了588艇的代表,赞扬他们打得快、打得好。

1966年2月3日,588艇被国防部授予"海上猛虎艇"光荣称号。

人民海军以海上拼刺刀的勇猛,创造了"小艇打大舰"的光辉战例。

崇武以东海战,也是人民海军轻型兵力海上作战的成功一例。

三 "小步快跑"向大洋——迈向近海防御

"小步快跑"

20世纪70年代后期,随着世界军事局势和技术的发展,"空、潜、快"建设方针越来越不适应新时期现代化海洋作战的需要。

"空、潜、快"时期中国海军的有效控制范围只存在于岸基航空兵有效作战半径内。当时中国航空兵所装备的轻型歼击机,作战半径及航程很小,滞空时间短,对地面后勤保障设施依赖性强,因而无法实施有效的机动展开。而唯一能达成有效远程突击作战的潜艇,受到通信方式的局限,导致其作战效能低下,无法在远海对敌水面舰艇形成真正意义上的威胁。

正是由于海军力量的薄弱,一些属于中国的海洋权益基本上处于弃守的状态。

为了顺利完成国家所赋予的作战任务,海军需要将控制范围从领海基点向前延伸至200—350海里的近海海域。

但是,那时我们的海军与世界强国的差距相当大,我们造的战舰还不能适应深海大洋,更没有与发达国家海军决战的能力。中国海军迫切需要提高主战装备特别是海军主力舰艇的性能,以达到让海军真正走出去的目的。

当时的中国还相对贫困,科研技术力量不足以使军事力量发生实质飞跃,因此,中国海军提出了"小步快跑"的发展方针,即分阶段、分批次、有继承、又不断改进的发展道路,通过不断的、快速的、小幅度的改进来实现从量变到质变的进步,最终达到军事力量的实质飞跃。

海军的"小步快跑"发展方针,首先是指要立足现有技术手段,认真完善现役装备的定型及改进。

进入20世纪70年代后,随着国民经济的恢复与发展,中国国防科技及船舶军事工业相应得以发展,自行研制了当时急需的新型舰艇装备海军。

为了配合中国战略导弹的发射实验——向南太平洋海域发射洲际导弹(代号580任务),中国自行设计建造了051型导弹驱逐舰(北约称之为"旅大"级,见图2-10)、053型导弹护卫舰(北约称之为"江湖"级)等一批中型水面舰艇和905大型油水干货补给船;研制成功了第一艘核潜艇——09-I型攻击核潜艇、033改进型常规潜艇、037-I改进型猎潜艇和035型常规柴电潜艇等具有一定远洋战斗力的新型主战与保障舰艇。

图2-10　051型石家庄号导弹驱逐舰

这些国产装备的入役,大大提高了中国海军的战斗力。

中国的老旧战舰依然占有绝对大的比例,急需有新的军舰来替换。在造新舰替换旧舰的过程中,中国海军采取了小幅度、快节奏的策略。即一种舰型只造一到两艘,快速替换掉那些实在不堪用的军舰;同时在使用中进行试验,一步一步积累经验完善各个子系统,等技术成熟了,再批量生产。

中国海上边界漫长,环境复杂,对手众多,实力差别又很大,驱逐舰和护卫舰需求量大。

其次是抓住来之不易的与欧美的"短暂蜜月期",从欧洲几个国家引进一系列相关的先进装备及其技术。

一是水面舰艇的动力装置,分别从美、德两国引进了LM2500+30燃气轮机与MTU 12V1163TB83大功率柴油机,它们堪称成熟货架产品的极品。

上世纪90年代建成的052型舰,使用了多项引进的西方成熟装备和技术,其中发动机采用的是美国的LM2500+30燃气轮机,55000马力的强劲动力,使052型舰的动力系统与国际先进水平的差距缩短至最小。MTU柴油机还顺利地实现了国产化。

二是舰载武器电子等子系统,引进了"海响尾蛇"防空导弹系统以及为其配套的海虎对空搜索雷达和海狸火控雷达、牛顿综合电子系统、NRJ6A型雷达侦察干扰系统等综合电子战装备,SITN-240型卫星通信终端站等通信系统装备,T100C紧凑型100毫米全自动舰炮TAVITAC作战指控中心等。

这些设备引进之后,很快投入105、109、134、165、166、544等舰上进行长期的有效的海试,既获取了重要的试验数据来满足正式上舰的需要,又极好地锻炼了科研人员的经验和水平。

三是利用西方技术启迪中国舰艇设计新思路。中国海军通过某些渠道与西方国家进行技术交流,获得了现代水面舰艇与潜艇线型设计方面的相关技术,并且在舰艇现代化总体布局方面得到了重要的技术支持。这些非常有益的技术交流使中国科研设计人员开阔了眼界，活跃了设计思维，海军在20世纪90年代中期研制了一批具有现代化特征的驱护舰和潜艇。

在这些舰艇上，可以清楚地反映出西方同类型舰艇的技术痕迹：比如052H2G型和053H3型的线型与总体布局，明显透露"狼"与"西北风"的风格；052型则更像一型中国建造的"乔治·莱格"级驱逐舰；而早期的039型常规柴电潜艇的外型上，"阿格斯塔"的线型和209靴形围壳的布置更是显而易见。

这样，不间断、小幅度、快节奏，积小成大，积少成多，中国海军"小步快跑"的发展策略取得了显著的成效。中国海军具有了近海作战的能力，开始积蓄开进大洋的能量。

西沙群岛自卫反击作战

20世纪70年代，对中国海军影响最深刻的恐怕就是西沙群岛自卫反击作战了。

1974年1月中旬，南越西贡当局海军多艘驱逐舰、护航舰入侵西沙永乐群岛，登陆甘泉岛，强行驱赶中国渔工，掠走悬挂在岛上的中国国旗，占领金银岛，在永乐环礁的潟湖中冲撞我渔轮。

南越海军西贡当局在西沙的挑衅和入侵行动，激起中国人民和政府的极大义愤。中央军委下令对南越西贡当局的进犯予以自卫反击。

当时,南越西贡当局海军的总吨位虽不比中国海军强,但与守护南海的我南海舰队相比,南越西贡当局海军还是有海上优势。

1974年1月19日,西沙自卫反击作战开始。

面对南越最大1 700吨的驱逐舰,南海舰队迎战的是架着机枪的渔船和最大吨位只有五百吨的猎潜艇、扫雷舰。

中国人民解放军海军南海舰队舰艇编队和航空兵,协同陆军和民兵,对入侵我西沙永乐群岛海域的南越西贡当局海军舰艇部队作战。凭着"一不怕苦,二不怕死"的革命精神,海军战士在海上扔开了手榴弹(见图2-11)。

图2-11 西沙自卫反击战(油画)

自卫反击作战经历支援渔民斗争、掩护守岛民兵作战和反击敌舰袭击、输送和掩护陆军登岛作战三个阶段。击沉敌舰1艘,击伤3艘,粉碎了敌人的军事进攻,最终收复了被南越非法侵占的珊瑚岛、甘泉岛、金银岛三个西沙岛屿。挫败了南越西贡当局的侵略行径。

这场以中国胜利告终的海战,是人民海军(包括舰艇和航空兵)在距离陆岸较远的岛屿水域条件下的首胜之战。

在这次战役中,中国海军凭借着广大指战员舍生忘死的精神,以海上拼刺刀的方式击败了在吨位上数倍于己之敌,打赢了共和国历史上第一次对外军的海上自卫反击作战,也在世界海军史上创造了一个小艇打大舰、以弱胜强的经典战例。

近海防御战略

进入20世纪80年代后,中国海军的战略核潜艇服役并成功地进行了潜地导弹的发射试验,中国成为世界上第五个拥有海基战略核反击能力的国家。

当时发达国家海军装备在技术上有一个大的飞跃,垂直发射、相控阵雷达、新型声纳、燃气轮机、电子计算机等一系列新技术开始在海军应用,舰艇的作战能力成倍提高。

中国海军与世界发达国家海军的技术差距很大。

为了适应急剧变化的国际形势,确保领海主权,维护国家海洋权益,中国海军开始战略转型,实现"积极防御"的总体战略,人民海军向"近海防御"的方向发展,海上控制能力大大提高。

1985年底,海军司令员刘华清第一次正式提出了"近海防御"的"海军战略"。

海军战略转型

2015年5月26日发布的中国第九部国防白皮书《中国的军事战略》首次公布海军战略转型:"海军按照近海防御、远海护卫的战略要求,逐步实现近海防御型向近海防御与远海护卫型结合转变,构建合成、多能、高效的海上作战力量体系,提高战略威慑与反击、海上机动作战、海上联合作战、综合防御作战和综合保障能力。"

中国海军历经了不同的发展阶段。新的战略要求是与中国海上利益发展变化相适应的,也是与中国海上安全所面临的诸多挑战相适应的。"近海防御与远海护卫结合"的战略转型并未改变中国海军的防御性和维护世界和平的决心。中国海军延伸航行轨迹,是根据国际通行惯例和相关法律文件履行的正当权利和义务,而"远海护卫"的本质,则是在远海护卫国家海上安全,护卫国家海上权益,并通过合作的方式维护海上安全,从而实现国际社会的共同安全。

海洋战略是国家战略的重要组成部分。海洋在世界政治、经济、军事斗争中的地位日趋重要,围绕海洋权益的斗争越来越尖锐复杂。捍卫领海主权,维护国家海洋权益,迫切要求海军制定一整套与国家海洋战略需要相适应的海军战略。

根据《联合国海洋法公约》和中国法律法规,中国可以主张近300万平方千米的管辖海域，这些海域和大陆架蕴藏着丰富的海洋资源。黄海、东海和南海，是中国赖以生存和发展的资源宝库和安全屏障。在中国南部海区，由于种种历史原因，在海洋资源开发、专属经济区和大陆架的划界、南沙岛礁归属等方面，中国与周边国家存在很多争端和分歧。

在这种形势下，为维护中国的海洋权益不受侵犯，根据现代海战特点和未来海上作战的需要，制定我国的"海军战略"，实施"积极防御"的总体战略，显得十分重要而又紧迫。

20世纪90年代，随着中国国力和海洋意识的增强，海军发展进入了快车道。

第二代052型导弹驱逐舰（北约称之为"旅沪"级）、053改进型导弹护卫舰（北约称之为"江卫"级）进入现役，这些新型装备在防空、反潜、反舰能力上有一个大的提高，真正具备了三维立体作战的能力。

20世纪90年代后期，第三代导弹驱逐舰的实验舰167号进入现役，这种新型驱逐舰吨位更大、综合作战能力更强、航程更远，具备了进行远海作战的能力。更先进的舰艇也在陆续加入到人民海军的行列中来。

积极防御战略思想

通常指在总体防御的态势下，灵活运用多种作战形式和战法，积极进行战役战斗乃至战略上的攻势作战，逐步改变战略形势，夺取战争的最后胜利。2015年发布的中国国防白皮书《中国的军事战略》指出:"积极防御战略思想是中国共产党军事战略思想的基本点。在长期革命战争实践中,人民军队形成了一整套积极防御战略思想,坚持战略上防御与战役战斗上进攻的统一,坚持防御、自卫、后发制人的原则,坚持'人不犯我,我不犯人;人若犯我,我必犯人'。""中国必须毫不动摇坚持积极防御战略思想,同时不断丰富和发展这一思想的内涵。"

中国海军近海综合作战能力已经基本形成,一步步逼近近海防御的战略目标,也为中国海军向远海护卫型转变,挺进深海,奠定了基础,聚集了能量。

赤瓜礁海区战斗

20世纪70年代末,随着对南海海底油气资源的发现和勘探,南海周边一个又一个国家开始提出对南海岛屿的领土主张,那些本来只有渔民或海盗避风遮雨时才光顾的岛屿和岛礁,被周边国家一个一个地占据或划入自己的版图,有的还利用外资开发起海底的油气资源。

中国要建设,要稳定的周边环境,同时要坚决捍卫自己的领土主权。

1987年3月,联合国教科文组织政府间海洋学委员会第14次会议决定，由中国在南沙群岛建立第74号海洋观察站。

1988年1月23日，以南海舰队552舰（"宜宾号"）为旗舰的编队到达南沙群岛海域。

1988年1月31日，宜宾舰接到考察永暑礁的命令，副导弹水雷长段成清带领6名官兵驾驶小艇登上永暑礁。下午4点，第一面五星红旗在永暑礁上空高高飘扬。

2月2日，越南海军171舰队、125运输旅派出大批舰船窜到南沙，直奔永暑礁，被我赶走。

1988年3月14日，中越两国海军触发赤瓜礁海区战斗。

中国考察人员在赤瓜礁考察。3月14日6时25分，越南海军604号、605号运输船和505号登陆舰突然窜到赤瓜礁海域挑衅，派43名武装人员登上赤瓜礁。礁上中国考察人员向其喊话，这是中国领土，要其离开。越方武装人员首先开枪打伤中国考察人员杨志亮。越南604舰上的机枪首先呼啸着向我官兵扫射过来，我502舰上的机枪立即自卫还击，紧接着前主炮射出第一发炮弹，炸飞了敌舰上的机枪。

敌604舰的舷窗口伸出一枚火箭筒，我机枪手一个点射，敌火箭筒退了回去。

这时502舰上的37mm口径炮、100mm口径炮一齐开火，4分钟后，敌船起火下沉。

9时整，中弹13发的越南505登陆舰终于打出了一面白旗。

这次赤瓜礁海区战斗,我南海舰队在东海舰队的配合下,凯旋而归,维护了我南沙群岛的主权(见图2-12)。我在南沙群岛建成了海洋观察站。永暑、华阳、东门、南薰、渚碧、赤瓜6个岛礁有我军驻守。

图2-12 参加赤瓜礁海区战斗的人民海军战舰胜利归来

此次中国在南沙岛礁建立海洋观察站,国民党海军驻太平岛部队功不可没。

南海舰队编队南下行经至太平岛附近海面时,拉响了汽笛,向驻守在那里的台湾海军官兵致意。

经国民党驻太平岛守军的默许,编队所有舰艇在太平岛停住一个星期,补充了淡水和主副食品,并借此了解越军在各礁盘上的活动情况,寻找登礁和应敌的突破口。

历史同样应该记住他们!

赤瓜礁海区战斗之胜,使我们对南沙的领土主权真正落到了实处。

赤瓜礁海区战斗之胜，展示了中国海军遂行守土卫国之责的实力。

南沙赤瓜礁海区战斗之胜，表明中国海军的现代化程度有了很大的提升，显现了中国海军已经具备了近海综合作战的能力，也预示着中国海军由近海防御型向近海防御与远海护卫结合型转变的开始。

四 深海蓝水任遨游——向近海防御远海护卫相结合转型

经济发展和地缘利益呼唤远洋海军

新世纪，中国确定了将海军作为战略军种的发展计划，中国海军迎来了一个快速发展的黄金时期。

改革开放为中国海军新世纪的发展提供了坚实的基础，也对海军发展提出了新的任务和要求。

新世纪，中国经济的发展需要远洋海军的保驾护航。

中国经济经过数十年的高速增长，已成为世界经济格局中的重要一极。随着全球经济一体化，珠三角、长三角的加工、制造业成为辐射全球的"世界工厂"，随之而来的是大量的能源及原材料进口和大规模的商品出口。中国的国民生产与对外贸易对海洋运输的依赖也日益增大。经济的高速发展，需要强大的海上武装力量能在远洋遂行战斗任务，保障海洋运输的安全与畅通。

另外，中国资本日益融入世界金融体系，随着投资规模的不断加大，越来越多的海外利益也呼唤着强大的远洋海上武装力量为其保驾护航。

新世纪地缘利益的维护也呼唤着中国海军的大发展。

随着陆地资源的日渐枯竭，世界各国对海洋日益重视，海上冲突也必将难以避免；与此同时，各海军强国纷纷加大海军投入，力图抢占新世纪海军技术的制高点。

新世纪，中国海军面临复杂与严峻的局势。

在南中国海特别是南沙群岛，周边国家不断侵占多处岛礁，掠夺该海域丰富的石油、渔业资源。

在东海方向，日本在钓鱼岛问题上对中国进行挑衅。

在各种对手的背后，还有着超级大国海军以航行自由、飞行自由为借口，对中国各种形式的战略侦察等威胁活动。

新世纪的中国海军，必须成为捍卫中国海洋权益的钢铁长城。

 中华人民共和国领海及毗连区分

《中华人民共和国领海及毗连区法》，由1992年2月25日第七届全国人民代表大会常务委员会第二十四次会议通过，并公布施行。该法共17条，明确规定了中华人民共和国的领海为邻接中华人民共和国陆地领土（包括中华人民共和国大陆及其沿海岛屿、台湾及其包括钓鱼岛在内的附属各岛、澎湖列岛、东沙群岛、西沙群岛、中沙群岛、南沙群岛以及其他一切属于中华人民共和国的岛屿）和内水的一带海域，宽度从领海基线量起为12海里。中华人民共和国毗连区为领海以外邻接领海的一带海域，毗连区的宽度为12海里。中华人民共和国对领海和毗邻区拥有主权和管辖权，中华人民共和国对领海的主权及于领海上空、领海的海床及底土。

 中国海军大转型

2008年中国国家主席胡锦涛在三亚检阅南海舰队时提出："海军要大转型，要成为战略军种和国际军种。"这段讲话无疑是告诉世人——中国海军真正的大发展由此拉开了序幕。

2008年4月的三亚，阳光明媚，椰树摇风。

9日上午8时40分，正在海南省考察工作的胡锦涛，来到南海舰队某部军港码头，检阅海军驻三亚部队。

胡锦涛对海军部队发表了重要讲话，明确指出海军是战略性军种、综合性军种、国际性军种,"实现整体转型是海军建设的必然趋势。……提高信息化条件下远海机动作战能力,是有效履行新世纪新阶段军队历史使命的必然要求"。

胡锦涛的讲话,有10处讲到海军的"转型"和"转变",海军建设转型是"整体转型"。

胡锦涛的三亚讲话,对海军的建设作了明确的总结和肯定,为海军的未来发展指出了明确的方向。

 核潜艇开路先行

新时期的中国海军开始毫不迟疑地走向远海。

而要有效的遂行远海作战,是否具有完善的防空能力便是决定性的因素。

随着海洋开发事业和海上斗争形势发展,我们面临的海上威胁和过去大不相同,需要具有远战能力的弹道导弹核潜艇和舰载航空兵去应付,这就需要海军建立强大的以航母为核心的攻防结合的远洋舰队。

在尚无航空母舰时,中国海军特别加强了核潜艇的建设发展,开始研制第三代核潜艇。

核潜艇是中国海军装备体系中不可或缺的重要装备之一。经过多年的发展,第二代攻击型核潜艇和战略导弹核潜艇已成建制地投入现役,担任远海突击作战与战略核反击值班重任(见图2-13)。

中国海军已经装备了094型战略导弹核潜艇,而第三代水下核力量的研制工作也正紧锣密鼓地进行。

图2-13　战略导弹核潜艇

战略导弹核潜艇

战略导弹核潜艇（strategic missile submarines）指以弹道核导弹为主要武器的核潜艇，又称弹道导弹核潜艇。用于对陆上军事、政治、经济等战略目标实施核打击。是国家战略核力量的重要组成部分，进行核威慑和核反击的主要力量。主要武器是弹道导弹，并装备有鱼雷。排水量6 000—18 500吨，水下航速20—30节，下潜深度300—600米，自给力60—90昼夜。

从国内外公开的相关资料看，中国海军的第三代水下核力量拥有快速、安静的机动能力、敏捷灵活的性能以及强大的远程对海对陆攻击能力，能够独立完成战略核反击任务，并且配合航母特混编队有效争夺远洋制海权。

海基战略核反击能力

战略核反击能力指的是具有从海洋、陆地和空中投送战略核武器的能力。真正具备三位一体的战略核反击能力的国家,只有美国和俄罗斯。

空基能力指战略轰炸机携带战略核武器,中国没有战略轰炸机,当然没有真正意义上的空中核打击能力。陆基能力一般指洲际导弹,门槛较低,中国洲际导弹的优势较为明显。

海基能力是指战略核潜艇、潜射中远程导弹和洲际导弹以及万吨TNT当量以上的核弹头的数量。能执行远洋巡逻的战略核潜艇被认为是可靠的二次核反击力量。中国的海基核力量还相对薄弱,目前只有092、094两个型号的战略导弹核潜艇,其中092型携带的是射程2 000千米左右的巨浪1型导弹,不能形成二次核打击能力;094型携带射程8 000千米以上的巨浪2型洲际导弹,标志着中国已获得可信的海基二次核打击能力。

航空母舰一举定鼎

从各海军强国的经验来看,如果要拥有全球性海军力量,那么必须拥有一支包括强大的航母战斗群在内的进攻型远洋舰队。只有这样一支舰队,才能完成海军保卫国家海洋国土安全任务,才能真正担负起保障战略导弹核潜艇顺利执行战略核反击任务，才能更有效地支持海监、海巡、渔政、海警等海洋执法力量维护海洋能源和经济利益的任务。

航空母舰问世以来的80多年间，几经波折，最终发展成为今天舰机结合、攻守兼备、机动灵活、坚固难损和高技术密集的多球形攻防体系。它不仅是一个强有力的战术武器单元，是海上作战体系的核心，也是一个能抛投核弹的战略威慑力量。

航空母舰建造是一个重要的国家战略工程项目，中国有关方面早在上世纪80年代就开始了这方面的筹划。

在当时军委副秘书长刘华清将军的主持下，海军装备论证中心对航空母舰的相关问题进行了周密而细致的论证工作，并且得出了相应的论证成果——航空母舰不仅一定要造，而且是一开始就要上常规攻击型航空母舰。

于是，中国方面先从澳大利亚收购了退役的"墨尔本号"航母，对航空母舰进行了相关的科研活动。而后，以民间名义从乌克兰购来已成半成品的苏联海军"瓦良格号"航母，并在2009年开始了紧锣密鼓的改装。

同时，又通过一些渠道从乌克兰购买到SU-33舰载战斗机的原型机T-10，为有关方面参考、借鉴提供了坚实的物质保障；在广州海军飞行学院开设了"飞行员舰长班"，在人员培养方面作了重要的储备。

2012年9月25日，中国第一艘航空母舰"辽宁号"列编服役，正式加入人民海军。

"辽宁号"航母服役，意味着中国海军迈入了航母时代!

尽管距中国海军航空母舰战斗群真正形成战斗力还有一段时间，但是，经过几年的努力，航母战斗群的建设已经初现雏形（见图2-14）。

图2-14 "辽宁号"航母编队通过台湾海峡进入南海

舰载战斗机与勤务航空力量，以及为航母清扫航路"水下障碍"的攻击型核潜艇，承担航母战斗群防空反导与驱潜反潜任务的驱护舰编队，都已经形成一定规模，并与"辽宁号"进行了编队海试。

而航母与多用途攻击型核潜艇的配合，利用舰载垂直导弹发射装置施放对陆攻击巡航导弹的装备，早已存在了多年并正在逐渐完善中。

中国海军在建设信息化海军、打赢信息化海战、冲破岛链、走向深海、保护我国海上战略通道安全、维护世界和平等多方面，已经取得了巨大的成就。

航母战斗群的建设，更为中国海军挺进深海，真正成为战略性、综合性、国际性军种，点燃了大力推进器。

中国海军航母编队,已经开始驶向深海大洋。

2019年12月17日,中国第一艘国产航空母舰山东舰正式交付中国海军。

一支真正具有强大战斗力、威慑力的中国航母战斗群出现,将指日可待。

第二章 在战火淬炼中挺进深蓝——中国海军的发展历程

第三章

冲破岛链控海权

一 岛链——围堵中国的海上封锁线

由于某些政治与历史的原因,社会主义中国从诞生之日起就受到了国际敌对势力的围堵和封锁。为了限制甚至扼杀新生的中华人民共和国,围堵迅速崛起的亚洲大陆,以美国为首的霸权主义势力在中国海域以及外海,依托在海岛上建立的海军基地,设置了一道道海上封锁线,俗称"岛链"。

岛链是20世纪50年代冷战时期东西方对抗的产物。

1951年,美国国务卿杜勒斯首次明确提出了"岛链"这个特定概念,它既有地理上的含义,又有政治军事上的内容,其意图是围堵亚洲大陆,对亚洲大陆各国特别是中国形成威慑之势。

在二战期间及之后,美国趁机强占了太平洋上的大部分岛屿,并逐步将其势力扩展到西太平洋部分国家的领海和领土。基于这种优势,20世纪40年代末

50年代初，美国首先提出了对亚洲国家实施"东方弧线"的新月形封锁战略。杜勒斯提出的"岛链战略"，就是利用西太平洋海域中一些特殊岛群的战略地理位置，在亚太地区部署重兵，意欲精心构筑一条以美军在太平洋上的一线基地为基轴，以冲绳、关岛等基地和设施为核心的"太平洋多重锁链"，来扼住亚洲大陆的脖子，其目的就是扼杀当时的苏联和中国等社会主义国家。

在提出岛链战略的同时，美国大力加强在岛链上有关国家或地区的军事设施建设，扩建海空军基地，加速构建军事包围体系。美国还加紧拼凑"东亚集体安全体系"，与相关国家和地区签订各种条约，建立军事同盟，增加驻兵数量，加强岛链的封锁力度，形成对亚洲各国的遏压态势。

美国海军在太平洋地区形成三大基地网雏形，并在此基础上逐步在亚太地区建立起了三道封锁岛链。

第一岛链

"第一岛链"—— 位于西太平洋、靠近亚洲大陆沿岸的链形岛屿带。北起阿留申群岛，经千岛群岛、日本列岛、琉球群岛，中接台湾岛，南至菲律宾群岛、印度尼西亚群岛、大巽他群岛。

中国的台湾岛位于第一岛链的中央，是该岛链距我大陆海岸线最近的一环，具有极其重要的战略地位。特别的地理位置，使得台湾岛可以有效地扼控东海与南海间的咽喉通道，掌控通往第二岛链内海域的有利航道及通向远洋的便捷之路。台湾岛就仿佛是一艘巨大的航空母舰，在整个第一岛链中起着承上启下、中间枢纽的重要作用。

 ## 第二岛链

"第二岛链"——位于第一岛链以东，涵盖中国台湾东部海区外侧的弧形岛屿带。北起日本列岛，经小笠原群岛、硫黄群岛、马里亚纳群岛、雅浦群岛、帛琉群岛，延至哈马黑拉马等岛群。

第二岛链以关岛为中心，由驻扎在澳大利亚、新西兰等国的美军基地群组成，它是一线亚太美军和日韩等国的后方依托，又是美军重要的前进基地。美军实施分散化和网络化部署经营第二岛链，采取"以退为进"战略，其防范的前沿对手最主要的就是中国、朝鲜和伊朗。

美军兵力所在地关岛本身属于美国的海外属地，美军在西太平洋最大的海空军基地都在此地，其堪称美国全球战略中重要的屯兵和中转站。美军在日、韩的兵力是其干预亚洲事务的最前沿存在，关岛则是第二梯队的力量输送站。美军将驻守日、韩的兵力后撤，不断增加关岛的兵力吞吐量，以避免西太平洋的美军兵力过分集中，担心一旦中国在遭受直接侵略时后发制人，发起远程导弹反击，美军遭到致命的打击。美国在澳大利亚加强军事存在，等于让美军又多了一个新的战略支点，一旦亚太有事，美国可实施军事力量的多渠道输送。

第三岛链

"第三岛链"是相对于第一岛链、第二岛链来讲的。一般认为，它是以美国夏威夷为中心，向北经中途岛延伸至阿留申群岛与第一岛链衔接，向南辐射到大洋洲东部的美属东萨摩亚群岛，主要由夏威夷群岛基地群组成。

由于美国太平洋舰队司令部驻扎在夏威夷群岛，所以第三岛链在美国海军力量中起着不可替代的作用。第三岛链基地群作为美军在远东的军事力量的战略基地和战略后方，担负着重要的使命。

对于美国而言，第三岛链是美国部署前沿兵力、支援亚太美军的"大后方"，又是美国本土防御的最后一道防线，对航母更有着强大的支持能力，还是美国遏制社会主义国家并且对苏联核潜艇进行围堵的防线。目前，美国海军第三舰队的5个航母战斗群驻扎于此。当第三岛链发挥作用时，美国就面临着像珍珠港事件时的本土防御告急。

岛链是冷战的产物。但在冷战结束后的当下，它依然是美国及其同盟者政治、军事利益的重要筹码，尤其是21世纪初美国"重返亚洲"战略的有力武器。

目前，美国在亚洲战略部署的重点是建设一条"太平洋锁链"，而它所要围困的主要目标就是中国。第一岛链的主要目的是封锁中国，第二岛链防御对象则包括俄罗斯和朝鲜等，而第三岛链则防御包括西太平洋的绝大多数国家。冷战结束后，第三岛链已成为美国遏制中国的重要防线之一。

中国国土安全受到严重威胁

1953年2月毛泽东与海军官兵交谈时说："过去帝国主义侵略中国大都是从海上来的。现在太平洋还不太平。"事实的确如此。

近代中国的灾难正是从海上开始的。

鸦片战争时期，帝国主义列强的坚船利炮，从海上打破了泱泱大国中国的国门。在此后的100年间，帝国主义列强从海上入侵达470余次之多，较大规模的入侵就达84次，入侵舰船达1 860多艘，入侵兵力达47万人，迫使清政府签订不平等条约50多个。

新中国成立以来，来自海洋的威胁并没有减弱或消失。

20世纪后半叶，由于中国国力的贫弱和海军军力的弱小，中国海军受到岛链的封锁，中国海上军事力量的存在仅局限于海岸防卫，而300万平方千米的可主张管辖海域大部分实际上处于失控状态。即使在黄海、东海以及台湾海峡，我们能够实际控制的也仅仅是靠近大陆的近海海域，而根本无力涉足蕴藏丰厚的远海和大陆架。我们对南海的控制更为薄弱，尤其是南沙群岛，更是被周边国家和利益集团大肆侵占，甚至被非法宣示为别国的领土。

按照《联合国海洋法公约》和中国法律法规规定，中国可主张的管辖海域面积大约有300万平方千米。但我周边一些海洋国家无理提出了多达150多万平方千米主权的要求。

联合国海洋法公约

《联合国海洋法公约》(United Nations Convention on the Law of the Sea)指联合国曾召开的三次海洋法会议，以及1982年第三次会议所决议的海洋法公约(LOS)。在中文语境中，"海洋法公约"一般是指1982年的决议条文。此公约对内水、领海、毗连区、大陆架、专属经济区(亦称"排他性经济海域"，简称：EEZ)、公海等重要概念作了界定。

该《公约》共分17部分，连同9个附件共有446条。主要内容包括：领海、毗邻区、专属经济区、大陆架、用于国际航行的海峡、群岛国、岛屿制度、闭海或半闭海、内陆国出入海洋的权益和过境自由、国际海底以及海洋科学研究、海洋环境保护与安全、海洋技术的发展和转让，等等。

1996年5月15日，中国第八届全国人大常委会第十九次会议通过决定，批准《联合国海洋法公约》并作出相关声明。

岛屿被侵占。在南海，中国南沙群岛露出水面的岛礁，除人民解放军驻守和控制的7个岛礁（永暑、华阳、东门、南薰、渚碧、赤瓜、美济礁）和中国台湾当局驻守的太平岛外，其他岛礁分别被周边国家侵占。一些周边国家已陆续侵占了我南沙群岛40多个岛礁。

海域被分割。中国周边一些国家先后发表声明，单方面宣布海洋专属经济区和大陆架，造成中国管辖的120万—150万平方千米海域成为争议区，占中国应管辖海域的50%。

在黄海，朝鲜、韩国主张大体按中间线划界。

在东海，日本主张与中国平分东海大陆架。

在南海，中国传统海疆线内，被周边国家非法划入其势力范围的海域有80多万平方千米。

资源遭掠夺。我南沙海域每年有数以千万吨计的石油资源被掠走。

到20世纪90年代末期，周边国家已经在南沙海域钻井1 000多口，1999年的石油和天然气产量，分别是中国同年整个近海石油和天然气年产量的2.5倍和7倍。

面临军事威胁。近年来，美国恃强凌弱，多次在海上挑衅中国主权。

1993年，美国军舰在海湾拦阻、强行检查我中远公司"银河"号货轮。

2001年4月，美军EP-3电子侦察机在三亚外海撞击我军机后，擅入中国领空并降落海南陵水机场。电子侦察舰"鲍迪奇号"在军舰护航下抵近我近海进行测量，最近处离山东成山角1 500米；"星座号"航母舰群与"卡尔·文森号"航母群在南海举行大规模联合军事演习等等，是对我军事威胁的典型代表。

电子对抗战飞机（electronic countermeasure aircraft）又称为电子战飞机，用于对敌方的雷达、无线电通信设备和电子制导系统等实施侦察、电子干扰或攻击的军用飞机，分电子侦察机、电子干扰机、反雷达飞机（亦称反辐射攻击飞机）等。其通常由轰炸机、歼击轰炸机、强击机、运输机、无人驾驶飞机和直升机等改装而成，主要任务是通过告警、施放电子干扰、对敌地面搜索雷达和制导雷达进行反辐射攻击等方式，掩护己方航空兵部队顺利遂行截击、轰炸等作战任务。

美国在太平洋海区一直保持着一支具有优势的海上力量，近年来更是加强了与日本、韩国的"安全合作"，竭力巩固从日本、韩国经菲律宾到印尼、澳大利亚的安全防线。

美国还插手台湾问题，助长"台独"势力。

1950年，美国借机干涉中国内政，派第七舰队巡航台湾海峡，留下了台湾问题这个民族统一的大患。

李登辉担任台湾地区领导人后，公然提出了"台湾是主权国家"的谬论。陈水扁掌权后，更是加紧推行"台独"路线，不断挑衅两岸关系。美国制订《与台湾关系法》，用国内法干涉中国内政，大规模售台先进武器，助长了

"台独"的气焰。

美国空军战略规划主任鲍伊甚至表示,如果台海爆发冲突,为了夺取台海制空权,美军将击沉向台湾航行的舰艇。本来属于中国内政的大陆与台湾的关系问题,实质上已经成为中美关系问题了。台湾成了美国统治者手上的筹码。

台湾处于第一岛链的中心位置,如果美、日与"台独"势力勾结,局势将更加复杂化。

日本蠢蠢欲动,凭借其雄厚的科技和经济力量加强"防卫"建设,尤其是加强海军力量的建设。"9·11"事件以后,日本海上自卫队借反恐怖主义出兵海外。2002年公然在中国专属经济区内动武,开火击沉"不明国籍船只"。同时制造所谓"中国威胁论",为其"军事立国"大造舆论。

二 和平穿越 突破岛链封锁

岛链的存在,对新中国构成了巨大的限制,更对中国的海外和平发展形成了实实在在的威胁。

走向世界,走向海洋,是中国政治、经济发展的必然趋势。

保卫长达1.8万千米的海岸线的安全,保卫领海安全,保卫200海里专属经济区和大陆架的安全,保卫海上通道和船只航行的安全,是保证中国政治、经济持续发展不断壮大的基本前提。而要真正实现保卫中国的海洋权益，就必须突破岛链封锁，消弭岛链对中国的遏制、威慑作用，从而为中国的和平发展、建设和谐海洋保驾护航。

事实上，突破岛链始终是中国政府和人民军队高度重视的大问题，更是中国海军时刻准备实施的战略任务。

中国海军在积蓄突破岛链的力量。

1979年8月2日，邓小平登上济南舰，进行了长达6个小时的视察后挥笔题词："建立一支强大的具有现代战斗能力的海军"。为人民海军从近海走向远海，指明了方向。

1982年，海军司令员刘华清提出海军海洋计划的构想，为中国海军的发展战略制定了明确的目标。

中国海军迈开了走向远海的第一步——突破第一岛链。

长期以来，中国海军奉行韬光养晦的战略，在一点点积蓄力量稳步发展，在很长一段时间里没有穿越第一岛链的实际行动。中国海军的低调姿态，使美、日误以为中国海军没有实力穿越第一岛链，也永远都不能穿越第一岛链。

事实上，中国海军经过半个世纪的建设发展，已经具备了遂行远洋作业的国产化的先进装备，拥有了能够胜任现代化海洋战争的技术战术手段，更有着为祖国的和平安宁英勇献身的广大官兵。中国海军有实力有能力突破岛链封锁，信步远洋大海。

中国海军以和平穿越的方式,开始突破第一岛链。

牛刀小试——潜艇首次冲出岛链

1976年12月,东海舰队某潜艇支队副支队长许志明率252艇首次突破第一岛链,进入太平洋进行远航侦察训练,开创了中国海军潜艇进入太平洋进行战备训练的先例。

1977年11月,东海舰队271艇挺进第二岛链,圆满完成侦察任务。

1980年3月,东海舰队某潜艇支队的256艇,领受了对新型潜艇进行作战半径试验的任务。

所谓潜艇作战半径试验,是指潜艇按设计规定装足燃油、弹药、仪器、淡水等各种储备品,从基地出发,中途不补给,遂行作战任务所能达到的最大距离。这是潜艇的战术技术性能之一。中型常规动力潜艇的作战半径一般为1 500—2 000海里。

1980年3月30日傍晚,256艇按军委命令悄悄离开码头,潜入东海深处,向公海驶去。经过数日的隐蔽航行,躲过外国飞机、舰艇的眼睛,256艇秘密地穿越第一岛链,进入太平洋西部,并按预先制订好的计划航线,向第二岛链挺进。

在预定航线上,第二岛链的两个岛屿分别驻有两个国家的军队,海面上时有舰艇定期与不定期巡逻。针对这一情况,出航前,此次行动的指挥员与司令部一起制定了256艇突破第二岛链的方案：利用黑夜，在两岛之间的海域，隐蔽一次突破。

时间在流逝，256艇一海里一海里向第二岛链逼近。当256艇距预先选定的突破口20海里处时，指挥员命令256艇艇长注意侦察海面情况。

潜艇向突破口靠近，突然，雷达发现右前方有几个时隐时现的小亮点。

指挥员透过潜望镜也发现了目标。目标越来越近，经辨认是1艘驱逐舰和2艘猎潜舰。

为防止外国舰艇发现我潜艇，指挥员下令："速潜，继续监视！"

艇长指挥256潜艇很快下潜到安全深度，并用潜望镜密切监视海面上外国舰艇的动向。

潜艇在继续前进，很快抵达第二岛链西侧。

指挥员指挥潜艇先到突破口南侧进行侦察，又到北侧侦察，结果发现两侧都有舰船在巡逻。

如何在外国舰艇的眼皮底下穿越突破口，突破第二岛链？

艇党支部立即召开紧急会议研究，大家都赞同按出航前制定的方案前进。

入夜，256艇潜入安全深度，躲开巡逻的舰艇，徐徐向第二岛链口子接近。

此时此刻，艇内一片寂静，全艇官兵全神贯注地坚守在自己的战位上，只有声纳室不时传来报告声。

指挥员镇定地指挥着256艇由突破口的西口进入，直向东口驶去。

驶出东口不久,256艇按潜望深度航行。

中国潜艇成功突破第二岛链,驶入太平洋!

通过潜望镜扫视太平洋,太平洋显得格外平静。

出访友邦 增进相互了解和友谊

军舰是流动的国土。海军是和平年代唯一可以穿越领海对别国进行友好访问的国际军种。国际上有一种普遍说法:一国海军派军舰出访是该国海军"长大成人"的标志。

首访南亚三国

人民海军的首次出访,选择了三个国家:巴基斯坦、斯里兰卡和孟加拉国。

1985年11月16日,合肥舰与丰仓舰(后改名为鄱阳湖舰)组成的舰艇编队,首次出访巴基斯坦、斯里兰卡和孟加拉国。

执行出访任务的中国舰队,名为"海军友好访问编队",由132导弹驱逐舰和X615综合补给舰组成,共512名官兵。

这是中国人民解放军海军组建36年来,第一次组织军舰编队出访外国。

1985年12月29日16时,中国海军舰艇驶入了浩瀚的印度洋。

这是新中国海军第一次进入印度洋。

为了纪念这一时刻,官兵们在舰上列队,举行了首航印度洋仪式,编队进行了庄严的海上阅兵。

1985年12月8日，编队驶抵巴基斯坦卡拉奇海港。

在离卡拉奇20海里时，巴基斯坦派出两艘驱逐舰和两艘猎潜艇前来迎接。两国海军会合后，由巴基斯坦海军编队护航，中国海军编队在21响礼炮和军乐声中，徐徐驶进了卡拉奇港，受到巴海军基地司令等人的热烈欢迎。港口炮台鸣礼炮欢迎，我132舰鸣炮还礼。

在巴基斯坦，中国海军官兵参观了巴基斯坦海军学院、海军工程学院、水兵训练中心等，受到巴基斯坦军民的热情欢迎。在斯里兰卡和孟加拉国，每到一个港口，受访国都要举办各种联欢会招待中国海军，三个国家海军都为我海军访问编队组织了国家艺术团演出。

1985年12月30日，编队结束访问，从孟加拉国吉大港启程返航。

舰队启航，渐行渐远，孟加拉国海军士兵突然摘下水兵帽，整齐地在空中划圈。这是南亚国家海军的一种礼节。中国海军官兵也拿着军帽，用力在空中划着圈，表示回礼。

回航途中，编队与美国第七舰队在南中国海公海海域相遇。

天刚亮，三艘美国军舰从海平线驶来。两国军舰距离越来越近，双方水兵列队站舰，互相向对方致敬。美舰各层都站满了穿着雪白军装的水兵，中国水兵身着上白下蓝的军装，站得笔直，背着双手，叉开两腿，迎着大风，水兵帽的飘带被风刮得呼呼直响，非常雄壮。

美方编队指挥官韦伯斯少将向中国出访编队指挥官致意。当时双方还计划安排人员登上对方舰艇互访,但由于风浪太大,无奈作罢。

1985年11月16日,中国海军组织首次军舰编队出访,从上海吴淞港出发,访问三个国家,途经5个海区,穿越7个海峡,总航程1万多海里,历时65天,1986年1月19日回到上海吴淞港。中国海军第一次军舰编队出访圆满成功。

这个"第一次",意义重大。

中国海军的这次出访,是一次"成人"仪式。

对于中国人来说,这次出访是一场自我能力的检验,中国海军从海岸走向深海,从幼童长大成人。

这次远航使中国30多年来自力更生建造的军舰经受了考验,对中国研制的通信设备进行了检验,证明了中国的能力。

刘华清上将在回忆录中说:"实践再次证明,国产装备具备了出远海闯大洋的能力。""我们的舰队终于驶离海岸,走向近海,来到了大洋"。

国际社会对这次出访作了解读,合众社说:"中国决心要把它以海岸巡逻为主的舰队扩建为'深水'远洋舰队"。

从此,人民海军舰艇编队跨海越洋的频率越来越高。随后,我舰艇编队不断出现在世界各地,对不同国家和地区进行访问。

1997年2月至5月,由哈尔滨舰、珠海舰和南仓舰组成的舰艇编队,访问了美国、智利等美洲四国。这是中国人民海军舰艇编队首次横跨太平洋，首次访问美国本土和南美大陆。

1998年4月9日—5月27日，青岛舰、世昌舰和南仓舰组成的海军舰艇编队出访新西兰、澳大利亚等国，这是我海军舰艇编队首次访问大洋洲国家。

2000年7月，由深圳舰、南仓舰组成的舰艇编队，出访坦桑尼亚、南非等国。这次远洋航行，人民海军舰艇编队首次访问非洲大陆，在那里掀起了强劲的"中国风"。

2001年8月，由深圳舰和丰仓舰组成的舰艇编队，首次访问德国、英国、法国和意大利欧洲四国。

人民海军从1985年首访南亚三国开始，至此已先后19次派出27艘舰艇，访问了世界上22个国家。从近海走向远洋，从蔚蓝走向深蓝，中国军舰的航迹遍及五大洲、三大洋。

首次环球航行

如果说，此前的19次出访，是中国海军19个隆重的"成年仪式"，那么，首次环球航行无疑是中国海军从成年向壮年的一次激情跨越。

2002年5月15日9时整。

中国，青岛港。

汽笛一声长鸣，阵阵军乐回荡。"青岛号"导弹驱逐舰和"太仓号"综合补给舰解缆启航！

环球远航，遨游三大洋，环绕地球一周，这是中华民族千百年来不灭的梦想。

506名海军官兵带着父辈的梦想，带着祖国的叮咛，今天终于启航!

在历时132天的时间里,舰艇编队横跨印度洋、大西洋、太平洋,远涉亚洲、非洲、欧洲、南美洲和大洋洲,先后对新加坡、埃及、土耳其、秘鲁、法国等五大洲10个国家和港口进行了友好访问,总航程33 000多海里,途经14个主要海峡和苏伊士、巴拿马运河,跨68个纬度,6次穿越赤道,创造了人民海军舰艇编队出访时间最长、航程最远、航经海域最广、途经陌生海域和航道及港口最多、访问国家最多等纪录,充分展现了人民海军在新世纪的风采。

此次环球航行编队的旗舰"青岛号"导弹驱逐舰,隶属于共和国第一支驱逐舰部队,是新世纪初中国海军的新型主力战舰。

"青岛号"庞大的舰体呈流线形设计,优美洒脱,令人赏心悦目。舰艏,巨型舰炮怒指前方,舰空导弹昂首指向苍穹;舰体中部,4座双联装反舰导弹蓄势待发;舰艉飞行甲板上,"海豚"直升机如鹰伏鲸脊,这是战舰履行航空反潜、远程打击、补给救生等作战使命的"如意兵器"。高耸的舰桅上,预警、火控、导航等各种雷达天线密布。强大的火力,精良的装备,青岛号成为一个攻防兼备的海上流动作战平台,堪称"海上明星舰"。

数十个国家的国防部长、海军司令和驻华武官登舰参观后,都赞不绝口,称青岛舰是一艘"威力巨大而又十分漂亮的军舰"。

与"青岛号"一起出访的"太仓号"(后改名为洪

泽湖舰）综合补给舰，是中国自行设计建造的第一代远洋综合补给舰。自上个世纪80年代初以来，它在远海大洋劈波斩浪，出色地完成了水下发射运载火箭实验、南沙守礁补给以及编队出访等多项伴随保障任务，开创了立体补给先河——"两舷四向"快速补给，被誉为大洋上的"浮动基地"。

青岛舰高耸的舰桅上，按海军礼仪悬挂着"司令旗"。率领海军舰艇首次环球航行的编队指挥员，是北海舰队司令员。司令员风趣形象地将此次具有划时代意义的环球出访，比喻成是一次"壮我国威军威的环球大游行"！

中国首位环球航行的舰长是青岛舰的舰长，他自豪地宣称："当今世界强国海军的战舰纵横四海。我是中国舰长，我要告诉世界海军同行，我们巡航在同一个蓝色星球，大海能托起你们的军舰，就一定能托起我们的军舰！"

历史将铭记这一刻——中国海军舰艇编队犁开了中华民族历史上首次环球远航的航迹！

护航编队顺访

中国海军护航编队在执行亚丁湾护航任务的同时，也频频完成顺访任务。

2014年，当地时间1月12日上午，英国朴茨茅斯军港彩旗飘拂、军乐嘹亮。

中国海军第十八批护航编队长白山舰、运城舰和巢湖舰抵达英国进行友好访问。

在欢迎仪式结束后，长白山舰和运城舰向公众开放参观，不少在英国的华侨、留学生登舰参观，在异国他乡登上来自祖国的军舰，看到中国军舰舰艏的五星红旗高高飘扬在英国皇家海军码头，他们无比兴奋，激动得泪流满面（见图3-1）。

图3-1　在英华侨、留学生登上祖国巨舰参观

2015年7月，中国海军第二十批护航编队济南舰抵达印度孟买港，开始为期4天的友好访问。济南舰是第6艘入役的中华神盾舰。这是济南舰入列以来首次执行友好访问任务，是中国海军052C型中华神盾舰首次访问印度。

一个又一个的首次，记录了人民海军由传统的"海疆长城"向"国际军种"的迈进历程。

人民海军已从近海走向远海，从蔚蓝走向深蓝，中国军舰航迹遍及五大洲、三大洋。

中国军舰执行环球航行和出访任务，承载着和平与友谊的光荣使命（见表3-1）。

通过访问交流，中国海军展示了"自信、文明、开放、合作"的良好形象,也传达了中国海军对加强互信与合作、促进共同发展、构筑和谐海洋的自信和担当。

表3-1 中国海军护航编队顺访国家(2009—2014)

巴基斯坦、印度、新加坡、马来西亚、阿联酋、菲律宾、埃及、意大利、希腊、缅甸、斯里兰卡、沙特阿拉伯、巴林、印度尼西亚、坦桑尼亚、南非、塞舌尔、卡塔尔、泰国、文莱、科威特、安曼、莫桑比克、乌克兰、罗马尼亚、土耳其、保加利亚、以色列、澳大利亚、越南、马耳他、阿尔及利亚、摩洛哥、葡萄牙、法国、塞舌尔、肯尼亚、突尼斯、塞内加尔、科特迪瓦、喀麦隆、尼日利亚、安哥拉、纳米比亚、英国

三 联合演习 增强互信与安全合作

海军作为国际性军种,在广阔的海洋环境中应对非传统安全威胁,离不开与世界各国海军的交流与合作。

进入新世纪以来,人民海军不断加大参与非传统安全领域国际和地区合作的力度,致力于倡导和落实"互信、互利、平等、协作"的新安全观,在防杀伤性武器扩散、海陆空通道安全防卫、反恐、联合搜救和人道主义救援等领域,与外国海军先后进行了约50次联合军事演习和演练。联合军事演习不仅频率越来越高,规模越来越大,而且领域更加广泛,内容更加丰富,合作更加深入。

新安全观

"新安全观"又称"非传统安全观",是对"冷战"后期开始出现的一些不同于"旧安全观"即"传统安全观"的新安全观念的统称。目前,在世界上影响较大的新安全观包括"综合安全观""共同安全观""合作安全观"三种。中国新安全观的核心内容是:互信、互利、平等、协作,实质是"超越单方面安全范畴,以互利合作寻求共同安全",主张在互利、互信的基础上,建立超越意识形态和社会制度的合作关系,以合作的方式谋求共同利益和解决冲突。

首次与外军合作军演

2003年10月22日,中国海军军舰与来访的巴基斯坦海军军舰,在上海附近海域,举行了代号为"海豚0310"的联合搜救演习。

多样化军事任务

多样化军事任务是指中国人民解放军担负的以打赢信息化条件下局部战争为核心的各项任务的统称。我军担负着维护国家安全统一、保障国家发展利益的神圣使命,防备和抵抗侵略,确保国家领土、领海、领空和边境不受侵犯，维护海洋、太空、网络电磁空间权益，维护国内社会稳定，参与国际维和、国际反恐、国际人道主义救援，参与抢险救灾，反对和遏制"台独"分裂势力及其活动，防范和打击一切形式的恐怖主义、分裂主义和极端主义，还有大型活动安保、护航、转移侨资等等，这些任务呈多样化。所以称为多样化军事任务。

这是人民海军成立后，首次与外国海军举行联合演习。

演习内容是：中国海军882综合补给舰扮演的民船，在长江口以东海域航行时突然发生火灾，发出求救信号，航经附近海域的中国海军护卫舰和巴基斯坦舰艇联合编队立即展开搜救行动（见图3-2、图3-3）。

图3-2　中国海军521导弹护卫舰协助消防灭火

图3-3 巴基斯坦海军D182驱逐舰协助消防灭火

联合搜救演习第一阶段为通信操演和编队海上运动，内容包括灯光、旗语信号发送，无线高频通信，编队队形变换等。

第二阶段为海上搜救演习，两国参演军舰同时从空中、海上立体搜救遇险船只，舰载直升机快速转运伤员，军舰协助消防灭火等。

中国海军东海舰队参谋长张德顺少将、巴基斯坦海军沙菲准将分别担任联合搜救演习的总指挥，分阶段统一指挥两国参演兵力。

中国海军521导弹护卫舰、巴基斯坦海军D182驱逐舰和A47综合补给舰迅速进入演习阵位，两国海军的舰载直升机也进入待命起飞状态。

13时,中国海军521导弹护卫舰发射3枚红色信号弹，演习正式开始。

16时17分，521导弹护卫舰发射3枚绿色信号弹，演习圆满结束。

中巴两国海军将领高度评价这次演习取得的成果及其意义。

首次参加海上多国军演

2007年3月,连云港舰和三明舰组成的舰艇编队,参加了在巴基斯坦卡拉奇举行的"和平-07"多国海上联合军演。

这是中国首次派舰艇参加多边海上联合军演,并采取作战舰艇无补给舰伴航的方式进行远洋航行。

由巴基斯坦海军主办的"和平-07"海上多国联合军事演习,在北阿拉伯海举行,目的是针对不断增加的海上恐怖主义威胁与挑战,促进各国海军之间的合作与交流,提高各国海军应对恐怖袭击和联合行动的能力。

中国、美国、英国、法国、孟加拉国、巴基斯坦和土耳其海军,派出舰艇、飞机或特种部队参加。

参加演习的中国人民解放军海军舰艇编队抵达巴基斯坦南部港口城市卡拉奇时,受到巴基斯坦海军官兵、中国驻巴基斯坦使领馆工作人员及华侨华人的热烈欢迎。

在港口的码头上,巴基斯坦海军军乐队高奏迎宾曲,巴基斯坦男女青年载歌载舞,华侨华人挥舞鲜艳的五星红旗,迎接编队官兵的到来。中国驻卡拉奇总领事在欢迎仪式上致辞,对中国海军编队来巴基斯坦参加海上多国军事演习表示热烈欢迎。

中国海军舰艇编队参加此次联合军演,进一步增强了与外国海军的友好合作关系,提高了我海军的反恐作战能力以及与外军的协同能力。

中俄"海上联合"军事演习

中俄海上联合军事演习,是中国海军与俄罗斯海军从2012年开始实施的一项常态化、机制化的军事合作形式。

"海上联合-2012"演习于2012年4月22日开始,在中国青岛附近的黄海水域进行,演习持续一个星期,至4月29日结束。演习结束后,两国海军举行了海上阅兵仪式。

2013年7月5—12日,中俄"海上联合-2013"海上联合军事演习在日本海彼得大帝湾附近海空域举行。

双方参演兵力共计各型水面舰艇18艘、潜艇1艘、固定翼飞机3架、舰载直升机5架和特战分队2个。

俄罗斯太平洋舰队主力舰艇悉数出动,包括太平洋舰队旗舰"瓦良格号"巡洋舰(见图3-4)、"维诺格拉多夫海军上将号"大型反潜舰、"快速号"导弹驱逐舰、毒蜘蛛级导弹快艇和基洛级常规潜艇等,共计12艘。

中方派出由沈阳舰、石家庄舰、烟台舰、盐城舰4艘驱逐舰,以及武汉舰、兰州舰2艘护卫舰和"洪泽湖号"综合补给舰组成的舰艇编队(见图3-5),随舰直升机3架、特战分队1个。参演舰艇来自北海舰队和南海舰队。

这是中国海军参加的迄今一次性向国外派出舰艇兵力最多的中外联合演习,也是中国海军首次组织大编队远离基地,在无保障体系依托的情况下,在他国境内参加的联合演习。

图3-4 俄罗斯海军"瓦良格号"巡洋舰

图3-5 中国海军舰艇编队

联演主要分为三部分:一是系列海上联合防卫作战行动,包括舰艇无设防锚地防御、编队联合防空、联合反潜、联合打击海上目标、联合护航、联合补给、联合搜救、联合解救被劫持船舶等;二是实际使用武器,包括对海上目标射击、对空中目标射击和发射火箭弹等;三是海上阅兵。

海上联合防卫作战行动是此次联演的一大亮点。双方军舰上的多种雷达和光电、通信等电子设备都要打开和使用,装备的战术及技术特点将向对方展示。

只有在两军具有很高的战略互信水平的情况下,才能举行这些战术科目的演练。这说明中俄两国、两军之间战略互信水平非常高。

中俄海上联演不针对第三方,课目不具有进攻性,突出了联合护航、联合解救被劫持船舶等演练项目。因此,不会对任何国家的利益构成威胁,在维护地区安全稳定中发挥积极作用。

中俄海上联演成为推进双方联合军演机制化、常态化的重要一步。

参加完中俄"海上联合2013"军演的中国海军舰艇编队,首次环日本列岛一周。115"沈阳号"导弹驱逐舰、116"石家庄号"导弹驱逐舰、538"烟台号"导弹护卫舰、546"盐城号"导弹护卫舰,以及舷号881的"洪泽湖号"补给舰,五艘中国军舰于7月2日从对马海峡北上,14日自宗谷海峡向东航行,之后出现在冲之鸟礁北部约400千米的海域,最后于25日下午穿越宫古海峡,返回东海。

与此同时，7月24日，中国一架运–8型警戒机飞临东海海域上空后，经过日本冲绳本岛与宫古岛之间的公海水道上空，进入太平洋海域上空。随后，中国警戒机按照原路线返回东海海域上空。

这是中国军机首度跨越连接日本列岛和冲绳、菲律宾之间的第一岛链进入太平洋。

运–8海上警戒机采用"空中霸王"机载雷达系统，能够探测纵深320千米、宽640千米的区域范围，配合海军舰艇的远海演练，给大射程的反舰导弹提供目标指示。因为舰载雷达比较矮，满足不了舰艇的远射程导弹，演练时一般都要有舰机协同，由警戒机提供目标指示。若中国拥有8架运–8警戒机，就可至少在两个搜索区域内，保持24小时不间断的空中侦察。

运–8警戒机加入海军编队后，海军行动从平面转为立体形态，进攻能力得到加强，打破了日本海上自卫队一直以P3-C称霸该空域的"一家独大"的局面。

同一天，刚刚成立的中国海警局的四艘海警船，在钓鱼岛周边海域同时亮相，展开了首次巡航。

随着武器装备更新、作战能力提高，中国这些新型装备能不能在陌生海区发挥作用，驱逐舰、护卫舰、综合补给舰能不能够在远海条件下进行高效协同，补给舰的多项补给行动能不能正常进行等，这些都需要在远海环境中进行检验考核。

中国舰艇环绕日本列岛航行的远海训练，表明中国海军走向深海的势头不可阻挡。

此次远航引起了国际社会广泛的关注，也引起强烈

的反响。日本的反应最为激烈。日本媒体称之为"前所未有",其中有两个原因:

其一,中国舰艇编队从7月2日穿过对马海峡到25日通过宫古海峡返回,在海上连续动作历时20多天。中国海军的远洋补给能力、远洋训练能力和持续作战的时间,大大超过他们的想象。

其二,日本发现了中国能够突破所谓防守严密的第一岛链的新方向。以前中国进入西太平洋,都是走宫古海峡和大隅海峡等水道,日本的注意力也集中在这两个地方,以为只要看住宫古海峡和大隅海峡就行了。中国海军此次穿越宗谷海峡,出乎日本方面的意料。对日本来说,宗谷海峡是非常敏感的地区。冷战结束以后,日本的工业、经济重镇都在北海道这个方向,日本也一直认为这里比较安全。中国穿越第一岛链的新方向超出了日本原来的预料。

首次参加美国环太平洋军演

2014年6月,经中央军委批准,海军派舰艇参加"环太平洋-2014"演习。这是中国海军首次参加由美国海军组织的"环太平洋"多边海上联合演习。

环太平洋演习是由美国主导的国际上规模最大的多国海上联合军演,起始于1971年,已经举行了23次,"环太平洋-2014"演习是第24届。中国曾于1998年派观察员参加"环太平洋"军演。

作为东道主的美国海军,派出以CVN76"里根号"

航空母舰为首,包括5艘导弹巡洋舰、3艘导弹驱逐舰、2艘导弹护卫舰、3艘潜艇以及濒海战斗舰、两栖攻击舰、船坞登陆舰、补给舰、医院船、远洋拖船、救援船、海岸警卫队巡逻舰的庞大阵容,还出动陆海空三军大批作战飞机和直升机及多支地面部队参加该次演习。

巡洋舰(cruiser)是一种火力强、用途多,主要在远洋活动和作战的大型水面舰艇。巡洋舰装备有导弹、鱼雷、舰炮等武器和舰载直升机。它有较强的进攻和防御能力,具有较高的航速和适航性,能在恶劣气候条件下长时间进行远洋作战。它的主要任务是为航空母舰编队和其他舰艇编队护航,承担防空、反潜、反舰任务,也可作为舰艇编队主力舰,担负编队指挥和防空、反潜、对海、对岸攻击任务。随着时代的发展,人们发现两三万吨的大型巡洋舰和几千吨级的驱逐舰所用武器和战斗力相差不大,因此在20世纪末各国已不再建造新的巡洋舰。

中国海军参加"环太平洋-2014"的演习编队,是除东道主以外最大的参演舰队(见图3-6)。

中方派出的舰艇团队,由导弹驱逐舰海口舰、导弹护卫舰岳阳舰、综合补给舰千岛湖舰、"和平方舟号"医院船和2架舰载直升机,以及特战分队和潜水分队各

1个组成（见图3-7、图3-8、图3-9、图3-10）。参加火炮射击、综合演习、海上安全行动、水面舰艇演练、军事医学交流、人道主义救援减灾、潜水7个科目的演习。中美双方依托"和平方舟号"医院船和"仁慈号"医院船举办医学论坛，并互派人员驻船参观见学。其间，中方还举行舰艇开放日，组织官兵开展相关双边、多边交流活动。

图3-6　我海军参加"环太平洋-2014"演习

图3-7　"海口号"导弹驱逐舰

图3-8 "岳阳号"导弹护卫舰

图3-9 "千岛湖号"综合补给舰

图3-10 "和平方舟号"医院船

船坞登陆舰

登陆舰（landing ships）是专门运载水陆坦克、两栖装甲车辆等重型武器装备及作战人员，实施直接抢滩登陆的水面战斗舰艇。

船坞登陆舰（dock landing ships）就是设有船坞的登陆舰。除以坞舱承载登陆艇和气垫船外，还可载运两栖坦克、装甲车等，用于由舰到岸的两栖作战。其船舱呈半吃水状态，以方便两栖登陆船、两栖坦克和气垫船的进出，就像船坞一样。其作战方式主要以承载为主，将参与两栖攻击的两栖登陆船、两栖坦克或气垫船送至距离海岸线最佳的距离。由于船坞登陆舰一般都比较大（在万吨以上），因此可作为海上两栖攻击临时基地，为滩头补充弹药和给养。船坞登陆舰上的武器一般以防空武器为主，必要时也可以对滩头进行射击。

中国参演舰艇不仅数量多，在质量上也属先进，显示了中国海军对外交往活动中的自信姿态。

海口舰是中国自行研制的第三代驱逐舰，装备了最新型的雷达和强大的防空导弹系统，因此被誉为"中华神盾"。

岳阳舰是中国自行研制设计生产的多用途全封闭导弹护卫舰，可单独或协同海军其他兵力攻击敌水面舰艇、潜艇，具有较强的远程警戒和防空作战能力。

"千岛湖号"综合补给舰和"和平方舟号"医院船都多次执行重大外交任务，在国际舞台上屡屡亮相。

补给舰

补给舰（replenishment ship）是为海上航行舰艇实施直接补给的勤务舰船。通常在舰队航行中，补给舰对舰船进行燃料、滑油、淡水、武器弹药、食品、军需物资补给和人员输送，以扩大舰艇作战海域范围，提高持续作战能力。其分综合补给舰和专业补给舰两类，通常船体庞大，排水量从数千吨到数万吨不等。中国现有九艘补给舰，有先进的补给技术，可以实现垂直补给（直升机补给）和四向补给（左、右、前、后四个舷位同时为4艘军舰提供补给）。

 医院船

医院船（hospital ship）是具有以战伤外科为主的分科医院设备和技术力量的非武装勤务船，专门用于对伤病员及海上遇险者进行海上救护、治疗和运送。其排水量一般为1万吨左右，自给力较强，稳定性好。有专科救治的设备，良好的生活设施，多种救生设备和器材。拥有大型医院船是现代海军的重要标志之一。目前，世界上只有美国、英国、加拿大、日本、中国等少数国家拥有具有远海医疗救护能力的医院船。中国的"和平方舟号"医院船是专门为海上医疗救护"量身定做"的专业大型医院船，船上搭载的某些医疗设施装备达到三甲医院的水平。

按照1949年《改善海上武装部队伤者、病者及遇船难者境遇之日内瓦公约》规定，医院船壳体的水线以上涂白色，两舷和甲板标有红十字（或红新月或红狮与日）图案，悬挂本国国旗和红底白十字旗，其在任何情况下不受攻击和捕拿。根据相关国际法规定，医院船不可侵犯，医院船有义务救助交战双方的伤员，交战各方均不得对其实施攻击或俘获，而应随时予以尊重和保护。

6月中旬，中国、新加坡、文莱3国参演兵力，在关岛附近海域与美海军"乔辛号"巡洋舰会合，尔后组成联合编队向夏威夷珍珠港航行。

航渡期间，进行编队队形变换、通信操演、吊放小艇、占领阵位、海上补给、应急情况处置、轻武器及主炮对海射击等科目训练。

中国海军首次参加这场由美国主导、多国参与的联合演习，有助于推动中美新型军事关系健康稳定向前发展，深化与各国海军的专业交流与务实合作，并展示中国军队维护世界和平与地区安全稳定的积极态度。

从1985年第一次出访海外开始，中国海军先后访问了数十个国家的港口，与当地海军和相关方面进行了友好交流。

中国海军舰队多次进行环球航行，在传递友情、广交朋友的同时，展示了中国军队良好的精神风貌，也彰显了中国海军驰骋大洋的实力。

进入新世纪以来，人民海军不断加大参与非传统安全领域国际和地区合作的力度，在防杀伤性武器扩散、海陆空通道安全防卫、反恐、联合搜救和人道主义救援等领域,与外国海军先后进行了约50次联合军事演习和演练。联合军演锻炼了中国海军指战员的技战术能力和舰艇编队、海空陆基的协调配合,也向世界展现了中国海军技术、装备、指挥、作战等方面所达到的先进水平。

特别是2013年以来,中国军舰反复进出冲绳本岛与宫古岛之间海域,并在西太平洋进行演习。这实际上已经突破了从冲绳到中国台湾地区、菲律宾的第一岛链。无怪乎美国、日本以及其他国家和地区对中国海军的行动大惊失色,惊呼第一岛链已经"失守",第二岛链"面对严重威胁"。

通过友好出访、环球护航、联合军演,中国海军未动一刀一剑、不费一枪一弹,以和平的方式,频繁穿越第一岛链、第二岛链,足迹遍布五大洲四大洋。

而中国海军亚丁湾护航,则是实实在在的海上非战争军事行动。

非战争军事行动

非战争军事行动(military operation other than war),武装力量为维护国家安全和发展利益而进行的不直接构成战争的军事行动。通常包括国际维和、反恐维稳、抢险救灾、缉毒、戒严、防暴平暴等。为达成一定政治目的而展开的军事行动,只要不是战争,都应归入非战争军事行动之列。在和平时期,通过显示武力、军事威慑来体现政治意图,则是最常见的非战争军事行动方式,更是许多国家经常采用的一种战略选择。

走向深蓝的中国海军

2008年，中国海军派出首批护航编队，奔赴亚丁湾、索马里海域执行护航任务，拉开了中国海军交替轮换、常态化护航的帷幕。至2015年，中国海军先后派遣20批护航编队共计40余艘军舰、30多架飞机、1万余名官兵，圆满完成800余批、约6 000艘中外商船的护航任务。中国海军20批护航编队搏风击浪，累计航程120万余海里，相当于绕赤道55圈。

中国海军在远海执行保护重要运输线安全的任务，彰显了一个负责任的大国的担当。

友好出访，联合军演，亚丁湾护航，中国海军舰艇从国内军港出发，奔赴世界各地的不同海域，在深海大洋迎风扬帆，劈波斩浪，纵横驰骋，四大洋任我遨游，无所阻拦。所谓岛链，在中国海军面前已形同虚设。

目前，中国海军航母编队的组建已渐成雏形，中国自行设计建造的第一艘国产航空母舰山东舰也已经入列，中国海军如大鹏初展翅，必将一飞冲天九万里。

中国正在沿着和平发展的道路，坚定不移地走向海洋！

中国以邻为伴与邻为善，谋求和平发展共同繁荣。中国不当头也不做附庸，不惹谁也不怕谁，不损人利己也不会损害民族的根本利益。

区区岛链，又将如奈我何？！

第四章

军旗飘扬亚丁湾
—— 中国海军编队亚丁湾护航

2008年，中国政府向世界庄严宣布：出兵索马里，护航亚丁湾！

中国海军从美丽的海南三亚启航，驶向亚丁湾，执行护航任务。

这是中国继600多年前郑和下西洋之后走向远海的一次重大实践。

人民海军成立以来历时最长、规模最大、出动兵力最多的海外军事行动，就此拉开序幕。

亚丁湾护航，吹响了人民海军走向深蓝的号角，具有十分重要的战略意义。

一 风起亚丁湾 出兵驱海盗

亚丁湾，是位于也门和索马里之间的一片阿拉伯海域，它通过曼德海峡与北方的红海相连，是各国船只快捷往来于地中海和印度洋的必经之地，是国际海上贸易的重要通道。

然而，在20世纪末，这一水域却成了索马里海盗恣意横行的乐园，黄金水道变成了鬼门关。日益猖獗的索马里海盗拦路打劫、勒索敛金，行经亚丁湾水域的商船屡屡遭到劫持，船东的财产和船员的生命安全随时都受到严重的威胁。

亚丁湾笼罩着恐怖的乌云雾障。船员们提到索马里海盗便惶恐不安。

索马里海盗的出现不是偶然的。

20世纪90年代，连年战乱的索马里好不容易建立了一个基本控制住局势的全国性政府，但在某些西方大国的唆使下，埃塞俄比亚举兵入侵索马里，把刚刚稳定下来的索马里重新打散了架，索马里由此陷入了长期的无政府状态。

国家没有了任何像样的政府管治，民众没有了任何像样的谋生出路，流离失所的难民开始铤而走险。

一时间众多的武装组织各据山头，"索马里土匪"遍地横行。

亚丁湾沿岸的索马里渔民们，把眼光落到了离海岸线不远的国际航道上。

黄金水道上过往的商船，成为索马里海盗打劫的对象；劫持船只、绑架人员，然后索要巨额赎金，成为"海上土匪"的生财之道。

国际商船不断被劫持，各国船东不菲的赎金，刺激了海盗不断增长的欲望，也吸引了效仿者不断加入海盗的行列。强烈的金钱诱惑、巨大的赎金收入、广泛的人力资源，将索马里海盗打造成了一支豪华的"匪军"：精良的武器装备，规模庞大的海盗基地，甚至还拥有一支所谓的"索马里海军陆战队"。

"索马里土匪"日益壮大，越来越猖狂，发展速度之快与战斗力之强，令人震惊。在陆地，其曾让号称天下无敌的美军特种部队颜面尽失。

1993年，美军特种部队在索马里首都摩加迪沙被"索马里土匪"打得狼狈不堪——2架直升机被击落，18名美军阵亡，1名被俘。消息传来，华盛顿朝野哗然，克林顿政府只得从索马里撤军，国防部长阿斯平被迫辞职。

在海上，索马里海盗接连制造了一系列震惊全球的劫船事件：

世界第二大油轮"天狼星号"被劫持，日本油轮被劫持，菲律宾108名船员被劫持，运输T-72坦克的军火船遭打劫，中国天津渔船"天裕8号"被劫持，沙特阿拉伯油轮被劫持，等等。

据不完全统计，2008年，索马里海盗作案不下百次，扣押了至少14艘商船与300多名船员。2009年前11个月，有40多艘船只被索马里海盗劫持，涉及船员600多人。

索马里海盗的疯狂打劫，让途经亚丁湾与东非海域的商船无不提心吊胆、惊恐不安，时刻疑惧着不知道自己何时就会被绑票，成了海盗勒索的筹码，甚至死无葬身之地。

出于安全考虑，不少商船被迫舍近求远，放弃便捷的亚丁湾航道,改走好望角航线。这一改非同小可。从地中海到印度洋,绕道好望角航线与走亚丁湾海域航线,相差数千海里的航程,多费数月的航行时间,不仅增加了数倍的海运成本,还往往因此丧失了商机,造成巨大的损失。

亚丁湾海域航线梗阻,严重影响了海上贸易的正常运行,引起整个世界的焦虑和强烈关注。

一些国家开始派遣军舰前往索马里海域,打击海盗,为过往商船护航。

2008年11月18日,印度海军"塔巴尔号"护卫舰击沉一艘海盗"母船"。

随后,欧盟宣布开始实施"阿塔兰塔"行动,派遣军舰前往索马里海域。

俄罗斯向索马里派出"无畏号"驱逐舰。

美国向索马里海域增派多艘军舰,同时,美国第五舰队宣布组建第151特混编队,专司索马里反海盗任务。

守着波斯湾出口的伊朗,派出舰艇参加海上巡逻……

2008年12月16日,联合国安理会召开关于索马里海盗问题的部长级会议,一致通过第1851号决议:呼吁国际社会积极参与打击索马里沿岸的海盗和海上武装抢劫行为,并授权在索马里境内"采取一切必要的适当措施,制止海盗行为和海上武装抢劫行为"。

中国根据联合国安理会有关决议,派遣海军舰艇编队赴亚丁湾、索马里海域执行护航任务。中国海军护航编队的主要任务是保护中国航经亚丁湾、索马里海域的船舶和人员安全，保护世界粮食计划署等国际组织运送人道主义物资船舶的安全。护航行动将以伴随护航、区域护航和随船护卫等方式进行，不上岸执行任务。

于是，2008年底的亚丁湾，迎来了一场各国军舰的大聚会。

宝剑出鞘　锋指亚丁湾

2008年12月26日，海南三亚。

中国人民解放军海军第一批护航编队从三亚军港启航，开赴亚丁湾。

中央军委委员兼海军司令员出席欢送仪式并致辞。司令员指出：海军舰艇编队执行此次护航任务，是中国首次使用军事力量赴海外维护国家战略利益，是我军首次组织海上作战力量赴海外履行国际人道主义义务，是我海军首次在远海保护重要运输线安全。

人民海军护航编队承载着祖国的重托，肩负着历史的使命，劈波斩浪，驶向遥远的亚丁湾。

中国海军第一批护航编队，由169"武汉号"导弹驱逐舰、171"海口号"导弹驱逐舰和887"微山湖号"综合补给舰组成，并带有2架舰载直升机（见图4-1）。3艘军舰共有官兵880余名，包括部分海军特战队员。编队经西沙、南沙，过新加坡海峡、马六甲海峡，穿越印度洋，抵达任务海区，总航程4 400多海里。

图4-1 "武汉号""微山湖号""海口号"军舰并列前行

执行任务的舰艇,均是海军南海舰队最新型的现代化主战舰艇。其中171舰列装有大名鼎鼎的"中华神盾"相控阵雷达,一门单管100毫米隐身主炮,两门730近程防御火炮,可垂直发射的HHQ-9型舰空导弹等攻击系统,可搭载一架购自俄罗斯的卡-28型反潜直升机。

但杀鸡焉用宰牛刀,对付海盗最行之有效的办法并不是威力巨大的舰舰导弹和隐身舰炮,而是信号弹、爆震弹等警告性武器。若海盗对警告置若罔闻,那么迎接他们的则是12.7毫米口径重机枪所发出的怒吼。

舰载直升机和巡逻快艇也能凭借其优异的机动性,在危急时刻一展身手。众所周知,海盗们所驾驶的都是木质小艇,速度较快,灵活性强,排水量数千吨的军用战舰在这些小个头面前往往显得力不从心,而舰载直升机和巡逻快艇则便于紧急出动,对海盗船实施迅速拦截,阻止其对过往商船的进一步接近。

在护航编队中，中国海军特战大队的战士，个个身怀绝技，犹如陆地猛虎、海上蛟龙、空中雄鹰，在击退海盗袭扰的战斗中，大显身手，屡建功勋。

中国海军护航编队是一把插向亚丁湾的利剑，有力地震慑了索马里海盗，使其望而却步，闻风丧胆。

亚丁湾护航的开展，使中国的印度洋北部运输航线有了可靠的安全保障。

海军和海外贸易往往是国家繁荣富强的两大支柱：海外贸易可以为国家发展提供资源并增加财富，海军则能够为海上贸易提供安全保障。

中国经济发展越来越依重于海外市场、海外资源和海上运输。中国石油对外依存度达近60%，中国对欧洲和北非的海上商品运输，以及从海湾地区进口石油，绝大多数都要经过索马里亚丁湾附近海域。索马里海盗不仅攻击船只、勒索赎金，还对人员造成了严重伤害。2009年前11个月，中国有1 265艘次商船通过这条航线。亚丁湾海域频繁发生的海盗袭击事件，严重危及我过往船只和人员安全，对我国家利益构成重大威胁。

中国经济利益和相关人员已经遍布世界178个国家和地区，涉及企业18 000多家。同时，中国海外资产、海外公民面临的威胁也急剧增加。据统计，仅利比亚战争期间，中国在该国的投资损失就达188亿美元之巨，3万海外劳务人员被迫撤离。亚丁湾护航兵力的存在，为我在该地区应对突发事件提供了一支预置力量，为中国在该地区的国家利益撑起了保护伞。

第四章　军旗飘扬亚丁湾——中国海军编队亚丁湾护航

中国海军亚丁湾护航,在保障中国海外贸易安全的同时,也履行了维护世界海洋安全和稳定的国际义务。

中国作为联合国五个常任理事国之一,保护世界海洋的安全与稳定是中国海军义不容辞的责任。中国海军亚丁湾护航,意味着更多地承担起维护世界海洋安全的责任和义务,更频繁地走向远海和远洋,在与世界各国海军加强交流与合作的过程中,共同应对海洋上面临的问题和挑战。

800多名海军将士远赴亚丁湾,标志着中国海军首次在远离本土的公海上执行战斗任务,同时也标志着中国海军首次加入了多边国际安全行动的行列,中国开始成为国际安全与秩序这一重要公共福利的提供者。

三 海之利器 完胜亚丁湾

首次护航显神威

索马里海盗频频对过往的中国船舶下手,中国的海上运输安全受到严重影响。来自天津的渔船"天裕8号"与18名船员曾遭到海盗的扣押。2008年11月之后,情况变得尤其严重,短短21天之内,单是中远集团所属船舶就有20艘遭到海盗的袭扰。

然而这一次,中国人不再是仅仅用抗议与声明来维护自己的合法权益了。

2009年1月6日凌晨，中国护航舰队进抵任务海域，强大的中国海军开始执行护卫过往商船的神圣任务。

11时整，编队指挥员一声令下，中国航运史上人们期待已久的时刻终于到来——

在武汉舰的领航下，"河北翱翔号""晋河号""观音号""哈尼河号"商船排成纵队依次开进，海口舰则在编队右后方护卫。

亚丁湾的海面划出了中国护航编队的第一道航迹！

舰载直升机升空巡逻，各艘商船的船员们纷纷登上甲板挥手致意。

17万吨巨型货轮"河北翱翔号"，特意在主甲板上书写了"祖国万岁"四个大字，传达出作为中国人的自豪和对中国海军的信任。

1月8日，随着四艘商船全部安全驶入曼德海峡，中国海军的首次公海护航取得圆满成功。

中国舰队首次护航的成功，让许多中国企业和中国海员们心里踏实了。

同时，中国舰队远涉重洋，为亚丁湾海域的中国与其他国家的商船义务护航，也给沿途各地区带来微妙的心理冲击，人们开始重新审视中国海军的形象。

随船护航"振华14号"

2009年1月12日，中国海军首批护航编队开始了一次特殊的护航旅程——随船护航"振华14号"。

在索马里亚丁湾，中国海军采取了三种护航方式：即区域护航、伴随护航和随船护航。在亚丁湾航行的部分商船，或因载有重要物资，需要特殊护卫，或因航速较慢、出现机械故障等原因而无法跟上护航编队，护航编队的海军特战队员便登临货轮，实行随船护航。

由于"振华14号"商船的特殊状况，此次护航采用的就是随船护航方式。

6名全副武装的特战队员，乘卡-28反潜直升机来到"振华14号"商船的甲板上，依据"振华14号"的船体构造，特战队员分别在船艏、中部、后端以及驾驶室两侧站岗执勤，随船护航随之展开。

突然间，"振华14号"的雷达显示，有两艘小艇正急速抵近。

机枪手、步枪手、狙击手各就各位，做好射击准备，严阵以待。

此时，远离军舰的特战队员既是战斗员，也是指挥员。他们需要对各种突发事件迅速作出准确的判断，制定相应的对策，并亲自付诸实施。

面对来势汹汹的海盗，特战队员当机立断：发射爆震弹！

很快，一枚爆震弹在海盗船的上空炸响。可是，海盗并没有退缩，仍旧尾随着"振华14号"。

接连发射几发爆震弹之后，海盗终于有所收敛，但仍在商船周围徘徊。显然，海盗并不想无功而返。

特战队员警惕地注视着海面上海盗的一举一动，防范着海盗船的突然袭击。他们深知，如果海盗顺利上船，必将难以控制。

严阵以待的特战队员与犹豫徘徊的海盗,在大海上对峙着。

此时,不仅是武装实力的比拼,更是参战人员心理素养的较量。

时间在一分一秒的流走,特战队员没有一丝一毫的松懈。

僵持了很长时间,海盗们看到绝不可能在荷枪实弹的中国特战队员那里讨得半点便宜,无奈悻悻而去,落得个竹篮打水一场空。

我护航特战队员以凛然不可侵犯的威武气概,震退了曾经不可一世的索马里海盗。"振华14号"在特战队员的武装护卫下,平安通过波谲云诡的亚丁湾。

一弹不发退海盗

2009年5月14日,晴,海面水天一色,碧蓝澄清。

深圳舰与7艘船舶成双路纵队行驶在这片迷人的海域。

战舰时时有海豚相伴,让人心旷神怡。

然而,官兵们无心欣赏,时刻警惕着海面。

因为这里就是被称为"恐怖之海""海盗乐园"的亚丁湾,猖獗的海盗时时威胁着商船的安全。据通报,进入4月份以来,这片海域发生的袭击和劫持商船事件,达到了11起。就在前一天,当地时间5月13日16时07分,就在这片水域,2艘海盗快艇使用火箭弹袭击了1艘商船。

伴随着轻快的螺旋桨声,整晚都在警戒的直升机组,稍作休息又飞上了蓝天,巡逻在整个编队的前方。

直升机组是整个编队的眼睛,为护航编队面对海盗做到"早发现、早判明、早决断"提供了重要保证,被官兵们亲切地称为亚丁湾上的"空骑兵"。在特殊情况下,直升机组甚至要单独面对海盗,执行驱离任务。

8时50分,直升机组报告:"1艘母船拖带3条小艇,从我编队左方高速驶来!"

舰长果断下达命令:

"直升机抵近观察!"

"深圳舰前出查证!通报商船编队加强警戒!"

根据经验,海盗就像狼群一样,一旦锁定目标就会蜂拥而至。果然,几分钟后,空中巡逻的直升机再次报告:"右舷8.3海里发现1艘母船、18条小艇高速向编队驶来。"

左右夹击,来者不善。

从直升机传回的画面可以清晰地看到,深蓝的洋面上,母船遮盖帆布,近20艘快艇三五成群,每艘小艇上三五人不等,它们从不同方向快速向我接近,海面上掀起层层白色波浪……

上级紧急命令:"黄山舰迅速赶来为商船护航,深圳舰前出驱离可疑目标!"

但是,此时,黄山舰正在9海里外漂泊待机,根本不可能及时到达出事海域参与护航。深圳舰只能孤军奋战,单独面对危机。

"进入一级反海盗部署！特战队员和反海盗应急分队做好战斗准备！"

"深圳舰加速前出，直升机抵近盘旋，特战队员舱面准备！"

一声令下，一个个矫健的身影迅速冲向甲板战位。

威武的军舰犁开海面，高速驶向可疑小艇群。

直升机从空中压了下来，盘旋在目标头顶。

深圳舰全方位出击，对可疑目标形成强大的威慑之势。

这时，双方距离不足3海里。

每艘海盗艇上都有4至5名虎视眈眈的海盗，手里都拿着火箭筒和步枪，枪口指向直升机和战舰。

深圳舰上，特战队员们也将手中的机枪瞄准了海盗。

刹那间，时间仿佛凝固了，气氛紧张到极点。

海盗显然受到震慑，不敢轻举妄动。

对峙了2分钟之后，海盗们纷纷转向，驶离我护航编队……

从发现到驱离，整个过程仅仅20多分钟。

深圳舰全体官兵沉着冷静，不费一枪一弹，勇退海盗。

单舰斗群寇

2010年3月20日，中国海军第五批护航编队抵达亚丁湾的第五天。

这一天，微山湖舰接到了单舰护卫中国货轮"振华9号"的命令。

在远离祖国的大海上保护中国货船，微山湖舰上的特战队员们显得非常兴奋。

在遥远的异国他乡与同胞结伴而行，觉得格外亲切。隔着浪花，特战队员与中国船员互相遥望，默默地问候。

然而，就在此刻，危险正在一点一点逼近。

微山湖舰左舷瞭望哨通过望远镜发现了十分可疑的情况：

在平静的亚丁湾洋面上，一艘母船拖带着四条小艇从左侧高速驶来。

10分钟后，小艇被母船一一释放，它们像伺机而动的狼群，朝着"振华9号"猛扑过去。

为了确保"振华9号"的绝对安全，微山湖舰立刻改变航行方向，行驶到"振华9号"的左方，阻挡海盗船的前进。

特战队员们立即进入反海盗一级战斗部署，重机枪、冲锋枪的枪口纷纷对准了海上成群结队的海盗小艇。

这是第五批护航编队的特战队员与索马里海盗的首次正面交锋。

面对如此的海盗袭击，微山湖舰上的气氛异常紧张。

依照事先制定的驱离海盗方案，信号弹、爆震弹先后腾空而起。

爆震弹在空中产生的强烈声响，对海盗有巨大的威慑作用。但是，这次狡猾的海盗似乎不为所动，依然我行我素，一副志在必得的架势。

实弹射击是不可避免了。经验丰富、射击精准的微

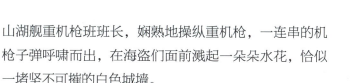

山湖舰重机枪班班长,娴熟地操纵重机枪,一连串的机枪子弹呼啸而出,在海盗们面前溅起一朵朵水花,恰似一堵坚不可摧的白色城墙。

强大的火力,精准的落点,既不伤及海盗性命,却也让海盗不能前进一步。

海盗们心知肚明,如果机枪真的要射杀他们,易如反掌;胆敢前进一步,必定是饮弹亡命,有去无回。

海盗的心理防线被彻底击垮了,只能灰溜溜地收兵而去,落荒而逃。

狭路相逢勇者胜。

微山湖舰单舰护航斗群寇,最终以海军特战队员的胜利而告终。

 机枪逼退百余海盗船

第五批护航编队广州舰与衡阳舰刚刚抵达亚丁湾,便受命执行护航十余艘商船的任务,途中,遭遇了最危险的紧急状况。

那天早上8时许,百余艘海盗船突然从远处高速驶来,像群狼一样把护航的军舰和十余艘商船团团围住,困在中间。

我军舰立即反击,接连向天空发射爆震弹。但仍有肆无忌惮的海盗船只向前冲击,你往左打它们向右边蹿,你往右打它们又蹿到左边……

海盗船一步步逼近,最近的只有2海里距离,连海盗黝黑的皮肤、面容都清晰可见了。

当时,被护航的商船排成编队处于中间,两艘军舰在外围护航,根本无法掉头,只能固守。

一旦让海盗船冲进编队,后果不堪设想!

情况十分危急!

在爆震弹不能震退海盗时,我军只能开枪阻拦海盗。直升机和军舰上的重机枪一起向海面射击,枪弹打在海盗船前的海面上,激起阵阵水花,形成一道铁幕水墙。尤其是直升机灵活跟进,贴着海盗船准确击发,给海盗造成了巨大的震慑。

海盗看到我们打出的是实弹,才开始退缩。

胶着状态一直持续了近两个小时。上午10时,海盗船才逐渐撤离,但仍在几千米开外徘徊。

僵持仍在继续。海盗在远处游弋,伺机卷土重来;我军官兵严阵以待,随时准备迎击来犯之敌。

直到14时,海盗们看到无可乘之机,绝不可能在中国海军面前讨到半点便宜,才彻底放弃了进犯企图,悻悻而去,隐遁在茫茫的大洋深处。

共同护航外籍商船

2013年12月21日,中国海军第十五批护航编队井冈山舰、衡水舰和第十六批护航编队盐城舰、洛阳舰、太湖舰会合一处,首次共同执行护航任务。

四艘驱逐舰、一艘补给舰,护卫新加坡籍"马士基-制造者号"、巴拿马籍"海洋宝石号"、马绍尔群岛籍"永明号""松佳翡翠号"4艘外籍商船,从亚丁湾西部启航,向东部海域驶去。

这是一次超豪华的护航——庞大的船队航行在亚丁湾海域，浩浩荡荡，威风凛凛。

这也是一次单纯护送外籍商船的护航——被护卫的四艘商船全部是外国籍，并没有中国商船。

中国海军护航编队的主要任务是保护中国航经亚丁湾、索马里海域的船舶和人员安全，保护世界粮食计划署等国际组织运送人道主义物资船舶的安全，根本目的是保卫本国利益和承担国际人道主义义务。但是，中国护航编队绝不拘泥于既定的任务范围，而是力所能及地主动承担更多的国际义务，为其他国家的商船义务提供护航，保证他们航行的安全。

中国护航编队的正义之举，赢得了国际社会的高度赞誉。

中国护航编队全胜的战绩，获得了各国商船广泛的信任。向中国海军申请护航的外籍商船越来越多。

中国护航编队在为外籍商船护航的过程中，也与众多国家的护航编队和商船结下了深厚的友谊。

中国护航编队无疑是一支威武之师、正义之师、友好之师！

营救意大利籍商船

2014年5月6日，由"长春号"导弹驱逐舰、"常州号"导弹护卫舰、"巢湖号"综合补给舰组成的中国海军第十七批护航编队，护送4艘商船航行在亚丁湾海域。

凌晨2时30分许,护送船队中的意大利籍商船"阿拉蒂娜号"机舱突然着火。火势迅速蔓延,"阿拉蒂娜号"全体船员被迫弃船逃生,乘救生艇离船。

中国海军护航编队迅速派出小艇,迎上前去,将16名船员全部安全营救到巢湖舰上。

火灾中,意大利船员不同程度地受到伤害,巢湖舰医务人员及时对他们进行检查,并对一名呼吸困难的船员实施了紧急救治,使之转危为安。

情况稳定后,护航编队向上级作了汇报。经中国国家海上搜救中心与意大利海岸警卫队沟通,意方指令在遇险船只附近的意大利籍商船"吉亚曼蒂号"负责将遇险船员接回。

巢湖舰再次派出小艇,将意大利船员安全护送到"吉亚曼蒂号"。

护航编队重新启程,向目的地开进。

除夕之夜驱离疑似海盗船只

2015年2月18日,农历马年的最后一天。

这是中国人千家万户团团圆圆吃年夜饭的温馨时刻。

而此时,由导弹护卫舰临沂舰、潍坊舰和综合补给舰微山湖舰组成的第十九批中国海军护航编队,正在亚丁湾执行第815批护航任务。

这一天,他们的任务是保护5艘商船向亚丁湾东部海域航渡,其中包括中国籍的"振华14号"。

起初的航程相当顺利,船队在宁静的大洋上乘风破浪,有序前行。

但是,疯狂的索马里海盗不让护航编队的官兵们平静地度过中国人十分在意的马年除夕。

当地时间13时30分,临沂舰发现了敌情:在远处海面上出现了疑似海盗船只,一艘母船拖带着4艘快艇,正向护航船队靠近。通过高倍望远镜,临沂舰官兵看到可疑船只上有近30名人员。

临沂舰在舰长的指挥下,立即进入战斗状态。

官兵积极配合,克服通讯资源有限、联系不便等困难,将海盗活动信息准确通报给被护商船,通告商船进行规避。

同时,临沂舰加速转向,横亘在可疑船只前进的路线上,将疑似海盗船与商船编队隔离开。

临沂舰摆开迎敌阵势,随即发射信号弹和爆震弹进行警告。

在强大的火力威慑下,疑似海盗船缓缓停了下来。

临沂舰继续进行火力震慑,海盗船被迫慢慢转向,掉头逃离,远远驶离了护航编队所在海域。

在这场惊心动魄的斗争中,临沂舰官兵团结一致,各部门协同配合,充分展现了特别能战斗的精神风采。

斗争结束,中国海军护送商船继续驶向亚丁湾东部,顺利到达安全海域。

中国海军护航编队用守护亚丁湾船只的安全,迎接了新一年的到来!

从2008年至2015年,中国海军共派出护航编队21

批次,平均每个批次在亚丁湾护航要跑44轮来回,平均每月7轮,每个星期近2轮。

中国海军护航编队已经圆满完成了近千次的义务护航任务,平均每年护航近1 000艘船。

中国海军护航编队创造了无一失误、无一伤亡的全胜战绩。

四 战舰撤侨 北非大营救

 ### 千里走单骑 护航利比亚撤侨

2011年,利比亚社会急剧动荡,烽火遍地,数万名身处利比亚的同胞的安全受到严重威胁。

中国政府十分关心中国公民的安危,迅速决策:不惜一切代价从利比亚撤侨!

一场争分夺秒的大转移,海陆空立体大营救,规模空前的国家救援行动迅即展开。

中国政府共动用91架次中国民航包机,35架次外航包机,12架次军机,租用外国轮船11艘,中远、中海货轮5艘,军舰1艘,历时12天,成功撤离中国驻利比亚人员35 860人。

正在亚丁湾、索马里海域执行护航任务的中国海军第七批护航编队"徐州号"导弹护卫舰,奉中央军委命令紧急启程赶赴利比亚附近海域,为撤离我在利比亚人员的船舶提供支持和保护。

领受任务后,第七批护航编队迅速指挥徐州舰进行任务转进。

徐州舰的具体任务是迅速抵达地中海的米苏拉塔港口,为搭乘2 142名同胞的"韦尼泽洛斯号"客轮护航。

徐州舰积极行动,在最短时间内做好了撤侨的准备工作——

认真研究任务海区的地理、气象特点和航道状况;

及时靠泊"千岛湖号"综合补给舰,紧急补给油水、物资;

完善兵力行动、政治工作、后勤装备保障等方案预案;

制定细致周密、切实可行的驰援、护航实施方案……

当地时间2011年2月24日3时(北京时间8时),徐州舰从曼德海峡南口启航,昼夜兼程赶往地中海。

从亚丁湾到地中海,距离2 000多海里,跨越20个纬度。

但是,行程并不是一帆风顺。

徐州舰驶经苏伊士运河时,正遇航道拥堵。如果按部就班排队等候通过,徐州舰就不能按计划与前方等待护航的客轮渡会合,势必影响护航任务的完成,使有机会脱离险境的中国公民又一次陷入危机。

徐州舰及时将情况报告给有关方面。中国驻埃及使馆立即向埃及运河管理机构提出申请:让参与撤侨救援的中国军舰先于其他商船通过拥挤的红海航道。

这个看似有点"无理"的申请,却得到运河管理机构的体谅。徐州舰被允许优先通行,顺利通过了拥挤的苏伊士运河。

徐州舰开足马力,昼夜兼程,6天6夜,终于按预定方案及时抵达米苏拉塔港口,与即将出港的"韦尼泽洛斯号"顺利会合,开始为撤离我在利比亚人员船舶实施护航。

时间是2011年3月1日10时30分(北京时间16时30分)——

饱受战火煎熬的中国公民与肩负护航使命的中国海军官兵,在异国他乡相聚。这奇特的海上相遇,使军民双方都十分激动、兴奋不已。

徐州舰的官兵通过甚高频电台向客轮上的同胞表达慰问……

客轮上的国人则纷纷跑到甲板上,朝着徐州舰不停地挥手致意,呼喊声一浪高过一浪……

战舰护卫着满载同胞的客轮,在五星红旗引领下,脱离了险象环生的战乱区域,踏上了平安的归国之旅(见图4-2)。

图4-2 徐州舰护卫利比亚撤侨行动

在这场规模空前的国家救援行动中，12天，35 860人，中国效率和中国信誉，使整个世界为之瞩目。这是中国举国体制之威力的展现，也是中国快速发展的写照。

而海军战舰为撤侨客轮护航，更激起了广泛而强烈的反响。

在世界格局中，中国给人的印象是"温和"的，但是在危急关头解决复杂问题所体现出的国家能力，让世界看到了中国的"生猛"和"强硬"，顺便给一些西方国家上了一课！

在撤侨事件后，"中国威胁论"再起。比如英国《金融时报》猜测，"中国政府派遣在索马里海岸外执行打击海盗任务的护卫舰赶赴利比亚，在一定程度上透露出中国在未来将如何作出回应。'徐州号'表面的任务是保护撤侨行动，但它也是向任何可能攻击中国利益的势力发出一个警告，这也是中国海军全球行动能力不断加强的最新迹象"。

闻风而动　战舰也门撤侨

2015年3月25日，也门什叶派胡塞武装组织大举进攻亚丁市。

26日凌晨开始，沙特阿拉伯等国对也门首都萨那等地的胡塞武装目标发动空袭。

也门安全形势急剧恶化，在也门的中国人员的生命财产安全受到严重威胁。

中国政府当机立断，当天决定紧急启动撤离在也门中国人员行动,最大限度保护中国公民的生命财产安全。

3月26日深夜,中国海军护航编队接到上级命令:暂停亚丁湾护航任务,在亚丁湾附近执行巡逻任务的中国海军护航编队随即赶赴也门亚丁港、荷台达港,参与也门撤侨行动。

海军立即组织临沂舰、潍坊舰、微山湖舰向也门亚丁港海域机动。

同时,编队连夜部署各舰迅速由护航状态转入撤离任务准备状态,完善舰艇靠泊、人员核准登舰、舰艇安全警戒、生活保障、卫生防疫等方案,在最短时间内完成了一切准备工作。

事实上,在中央正式下达撤侨命令之前,护航编队已经做好了救援的预案准备,主力舰艇"临沂号"已经在距离亚丁港12海里外的公海上整装待命了。

命令下达后,导弹护卫舰"潍坊号"和补给舰"微山湖号",也立即开进,迅即赶赴荷台达港。

在撤侨行动起初,海军方面一直保持沉默,只是在商船申请护航时通过中国船东网,发布了"中国海军暂时停止亚丁湾护航任务的通知"。

军方之所以采取谨慎态度,不披露救援信息,主要是担心受到当地宗教极端组织的阻挠。暂时保密,只是为了避免不必要的麻烦。

经过周密的计划,撤离过程中,舰船和撤离人员基本上同时到达了港口指定地点,尽量缩短在港口停留的时间。

特战队员先上岸,在周围建立警戒,划定武装区域,同时实行对空警戒,舰船上的直升机升空巡视,保证撤离的过程不会遭到侵扰和破坏。

当地时间3月29日12时许,海军第十九批护航编队临沂舰由待机点向亚丁港高速机动,13时46分完成靠泊。

亚丁港码头上翘首以盼的中国公民,看到飘扬着五星红旗的中国军舰,很多人流下了激动的泪水。

编队指挥员来到撤离人群面前表达慰问:"同胞们,祖国和人民对你们非常牵挂,派我们来接大家回家。"

激动的人群爆发出热烈的欢呼声:"祖国万岁!共产党万岁!"

集结在码头的首批122名中国公民中包括7名妇女和1名儿童,此外还有2名来自埃及和罗马尼亚的中国企业聘用的外籍专家。

为确保人员安全登舰,临沂舰进入一级战斗部署,各战位严密组织观察警戒,全副武装的特战队员和水兵荷枪实弹在码头安全警戒,直升机进入战斗值班,随时准备应对各种突发情况。

撤离人员在护航官兵引导下登舰。39分钟内,首批124人全部登舰完毕(见图4-3)。

14时30分,临沂舰离开亚丁港码头,开始向吉布提港高速航渡。经过近8小时高速航渡,顺利抵达位于非洲东部的吉布提共和国吉布提港。

30日,潍坊舰搭载着449名中国公民,平安撤离也门西部荷台达港(见图4-4),于次日凌晨安全抵达吉布提港。

第四章　军旗飘扬亚丁湾——中国海军编队亚丁湾护航

走向深蓝的中国海军

图4-3 临沂舰抵达也门亚丁港,准备撤离的中国同胞安全有序登舰

图4-4 潍坊舰载着撤离公民离开也门西部荷台达港

中国海军护航编队仅用两天时间,就将571名在也门的中国公民全部撤离出境,并安全护送至吉布提港转乘民航客机回国。

在整个撤侨行动中,护航编队分5批共撤离中外公民897名,其中临沂舰撤离433名。

海军护航舰艇编队赴也门执行撤离中国公民任务,是中国海军舰艇首次靠泊外国港口直接执行撤离中国公民任务。

这次行动既展示了中国政府以人为本的理念和对人权的重视与保护,也书写了人民海军遂行多样化军事任务、维护国家海外利益的新篇章。

近年来,中国海军多次派出舰船执行护航、人道主义救援减灾等任务。

2008年以来先后派出21批舰船编队赴亚丁湾、索马里海域执行护航任务(见表4-1)。

表4-1 历次护航编队组成

护航编队	主力舰艇 A	主力舰艇 B	综合补给舰	主力舰艇所属舰队	起航时间
第一批	武汉(舷号169)	海口(舷号171)	微山湖(舷号887)	南海舰队	2008.12.26
第二批	深圳(舷号167)	黄山(舷号570)	微山湖(舷号887)	南海舰队	2009.4.2
第三批	舟山(舷号529)	徐州(舷号530)	千岛湖(舷号886)	东海舰队	2009.7.16
第四批	马鞍山(舷号525)	温州(舷号526)	千岛湖(舷号886)	东海舰队	2009.10.30
第五批	广州(舷号168)	衡阳(舷号568)	微山湖(舷号887)	南海舰队	2010.3.4
第六批	昆仑山(舷号998)	兰州(舷号170)	微山湖(舷号887)	南海舰队	2010.6.30
第七批	舟山(舷号529)	徐州(舷号530)	千岛湖(舷号886)	东海舰队	2010.11.2
第八批	马鞍山(舷号525)	温州(舷号526)	千岛湖(舷号886)	东海舰队	2011.2.21
第九批	武汉(舷号169)	玉林(舷号569)	青海湖(舷号885)	南海舰队	2011.7.2

续表

护航编队	主力舰艇A	主力舰艇B	综合补给舰	主力舰艇所属舰队	起航时间
第十批	海口（舷号171）	运城（舷号571）	青海湖（舷号885）	南海舰队	2011.11.2
第十一批	青岛（舷号113）	烟台（舷号538）	微山湖（舷号887）	北海舰队	2012.2.27
第十二批	益阳（舷号548）	常州（舷号549）	千岛湖（舷号886）	东海舰队	2012.7.3
第十三批	衡阳（舷号568）	黄山（舷号570）	青海湖（舷号885）	南海舰队	2012.11.9
第十四批	哈尔滨（舷号112）	绵阳（舷号528）	微山湖（舷号887）	北海舰队	2013.2.16
第十五批	井冈山（舷号999）	衡水（舷号572）	太湖（舷号889）	南海舰队	2013.8.8
第十六批	盐城（舷号546）	洛阳（舷号527）	太湖（舷号889）	北海舰队	2013.11.30
第十七批	长春（舷号150）	常州（舷号549）	巢湖（舷号890）	东海舰队	2014.3.24
第十八批	长白山（舷号989）	运城（舷号571）	巢湖（舷号890）	南海舰队	2014.8.1
第十九批	潍坊（舷号550）	临沂（舷号547）	微山湖（舷号887）	北海舰队	2014.12.1
第二十批	济南（舷号105）	益阳（舷号548）	千岛湖（舷号886）	东海舰队	2015.4.3
第二十一批	柳州（舷号573）	三亚（舷号574）	青海湖（舷号885）	南海舰队	2015.8.4

2013年派出医院船参与菲律宾遭受超强台风袭击后的人道主义医疗救助。

2014年先后派出军舰执行叙利亚化学武器海运护

航、马航失联客机搜救以及为马尔代夫紧急运送淡水等。

这些任务的圆满完成，充分体现了中国作为负责任大国对维护国际和平与安全的担当，也展示了中国军队和平之师、威武之师、文明之师的良好形象。

中国海军亚丁湾护航，是一次具有重大历史意义的海上非战争军事行动。

护航期间，中国海军护航编队顺访印度洋海域周边国家，传递和增进了与各国海军和人民的友谊，促进了我国与环印度洋国家的政治、经济、文化、军事交流。

中国海军远离中国国土几千海里，其间基本没有军事基地予以支援，只能依靠编队自身的自持力。中国海军在艰难中得到磨砺，海军的实力由此得到了提高！

中国海军把护航的航道作为实战训练的战场，比武大练兵，砺剑亚丁湾。在亚丁湾护航中，中国海军有意识地派三大舰队轮流组队前往索马里海域，三大舰队的知名舰艇基本都出去体验了一下"异国风情"，积累了远海作战的经验，锻炼了独立应对复杂战情的能力。

作为海上作战力量执行远海任务的全新探索，护航行动积累了远海军事行动的宝贵经验，探索了远海组织指挥、兵力运用和综合保障的方法和路子，也反映出海军现有能力与远海行动需求之间的差距和不足，为今后的海军建设提供了重要依据，对于海军战略转型具有深远影响和重大意义。

参与护航行动的海军舰艇也是海军装备建设的一个缩影，从一个侧面展示了海军建设的巨大成就。

从海军编队的航行距离来说,中国海军连索马里海疆都能到达,那近在家门口的第一岛链就更不在话下。

亚丁湾护航,直接反映出中国海军现代化建设的巨大成就,增强了海军远海作战和完成多样化军事任务的能力,表明中国海军建设发展已经站在一个新的历史起点上,也推动着海军现代化建设进入一个新的阶段。

中国人民解放军驻吉布提保障基地部队2017年8月1日进驻营区,标志着我国首个海外保障基地建成。保障基地的建成,能使中国海军更好地履行亚丁湾和索马里海域护航以及开展人道主义救援等国际义务。

第五章

风健正是扬帆时
——中国海军的发展态势

一 雄姿英发 昂然独立向大洋——中国海军的基本格局

诞生于解放战争硝烟中的中国人民海军，从木船炮艇起家，经过60多年的建设发展，从无到有，从小到大，从近海走向远海，从蔚蓝走向深蓝，已经成长为一支粗具规模的现代化海上力量。

进入新世纪后，一批批先进的国产装备先后服役，一大批高素质的海军建设人才走上战位，中国海军的发展呈现出快速提升的态势。特别是随着052C型和052D型导弹驱逐舰、039型常规潜艇以及战略导弹核潜艇、核动力攻击型潜艇，"辽宁号"航母、岸基远程导弹以及苏-30、飞豹战斗机等先进武器装备的相继服役，中国海军具备了万里集结、远海作战的攻防能力，积累了随时遂行多样化军事任务的经验。

已经成长壮大的中国海军,积蓄了足够的能量,正迈开矫健的步伐踏上新的征程,登上新的高度!

三大舰队——三足鼎立护海疆

中国海军下辖三个舰队,每支舰队下辖水警区、舰艇支队、舰艇大队等。

北海舰队——中国人民解放军海军三大舰队中成立最晚的一个舰队,也是三大舰队中实力最强、唯一拥有核动力弹道导弹潜艇的队伍。负责自鸭绿江口至连云港南海域黄海、渤海的防务,主要任务一是保卫首都的海上门户,二是警戒周边地区对中国的海上威胁。其前身华东解放军海军支队,是中国人民解放军海军成立最早的海军部队。司令部设于山东省青岛市。

北海舰队近年来强化了机(飞机)舰协同、潜舰协同、陆基导弹与舰艇航空兵协同的各种作战训练,对空海潜的远程观通距离和反应时间有了极大的提高,已初具蓝水作战能力。

北海舰队目前有三个海军基地:旅顺基地(辖大连、营口水警区)、葫芦岛基地(辖秦皇岛、天津水警区)、青岛基地(辖威海、胶南水警区)。旅顺军港是中国北方最优良的深水不冻港,北海舰队的大部分驱逐舰、护卫舰部署在该基地(见图5-1);葫芦岛基地是常规潜艇的停泊点;青岛基地是核潜艇基地。

东海舰队——三大舰队中成立最早的一个舰队,其前身是解放战争后期成立的"华东军区海军",负责防卫中

图5-1　北海舰队旅顺港

国东海水域的安全。因处于台湾海峡前沿，长期担负在海防前线的战斗值班、战备训练、护渔护航、巡逻警戒等繁重任务，并与国民党海军有过几次交战。在著名的一江山岛登陆战役期间，我人民海军鱼雷艇击沉国民党海军"太平号"护航驱逐舰；在崇武以东海战中，写下了海战史上小艇打大舰的成功战例。司令部设在浙江宁波。

东海舰队目前有三个海军基地：上海基地（辖连云港、吴淞水警区）、舟山基地（辖定海、温州水警区）、福建基地（辖宁德、厦门水警区）（见图5-2）。

东海舰队的海上防区为台湾海峡

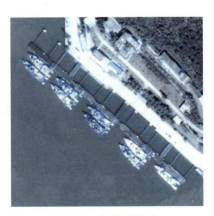

图5-2　东海舰队基地

南端(广东省南澳岛至台湾省猫鼻头连线)以北、连云港以南的东海和黄海海域。该区域恰好涵盖台湾海峡,所以,军事上遏制"台独",一旦需要时依法实施海上封锁或以非和平手段统一台湾、金门、澎湖等应该是东海舰队的主要作战目标。

南海舰队——是三大舰队中基础相对薄弱、但近年来发展最快的舰队。其前身是中南军区海军。负责防卫南中国海水域,特别是南海诸岛的安全。防区北至台湾海峡南端,南至南沙群岛,东至第一岛链的广大海域。司令部设在广东湛江。

南海舰队下辖湛江基地(辖湛江、北海水警区)、广州基地(辖黄埔、汕头水警区)、榆林基地(辖海口、西沙水警区)(见图5-3)。

图5-3 南海舰队基地

南海舰队是在维护领土主权中唯一赢得过两场对中国来说至关重要海战的舰队:20世纪70年代的西沙群岛自卫反击作战和80年代的赤瓜礁海区战斗。两场战斗收复了西沙群岛三个被占岛屿，驻守了南沙的部分岛屿，为中国建立了海上安全屏障，为取得南海资源提供了陆基保障和法律上的依据。

五大兵种——全面发展筑长城

中国海军现有水面舰艇部队、潜艇部队、航空兵、岸防兵和陆战队五大兵种，现役兵力共23.5万人。

水面舰艇部队：综合作战能力大幅提升

水面舰艇部队是在水面遂行战斗任务的海军兵种，按舰种区分，编有航空母舰、驱逐舰、护卫舰、登陆艇等战斗舰艇部队和侦察船、补给船、勤务船等勤务舰船部队，具有在海上进行反舰、反潜、防空、水雷战和对岸攻击等作战能力，是海上重要作战力量。航空母舰是水面舰艇部队，又是以舰载机为主要兵力的海军舰载航空兵部队，更是海上重要作战力量。

1949年11月，人民海军第一支护卫舰部队组建；1951年10月，人民海军第一支鱼雷快艇部队组建；1954年，人民海军第一支驱逐舰部队组建。

改革开放以来，海军水面舰艇部队进入飞速发展阶段。第二三代导弹驱逐舰、护卫舰，新型导弹快艇、大型登陆舰、扫雷舰、远洋综合补给舰相继装备部队。目前，海军三个舰队已拥有数十支驱护舰支队、快艇支队、登陆舰支队和作战增援舰支队。三级以上战斗舰艇达数百艘，吨位是20世纪80年代的5倍以上。新型战舰的舰载武器全面升级换代。现代化战舰催生出一大批新训法、新战法，每年有上百艘次水面舰艇驶向远海大洋，完成数百个练习科目，一体化训练水平逐年提高，综合作战能力明显增强。

潜艇部队：水下突防能力明显增强

潜艇部队是主要在水下遂行作战任务的海军兵种，编有常规动力潜艇部队和核动力潜艇部队。具有水下攻击和一定的核反击能力，主要担负保卫海上交通线、海上护航、侦察、巡逻、布雷、运输等任务。担负战略核反击任务的核动力潜艇部队，直接由中央军委指挥。

潜艇部队是水下重要突击力量，也是人民海军重点发展建设兵种。1954年6月，人民海军第一支潜艇部队宣告诞生。1971年，中国自行设计研制的第一代常规潜艇下水。1974年，中国第一艘核潜艇服役。1983年，中国第一艘弹道导弹核潜艇服役。

跨入新世纪，新型常规动力潜艇和核动力潜艇相继装备部队。新型潜艇装备了超长波通信系统、数据链系统、战术软件和指挥自动化系统以及智能鱼雷和精确制导导弹，新一代潜艇的静音性、水下自持力和生存力明显提高，水下突防能力明显增强。潜艇水下高速、长航、突防、大深度布雷等训法战法得到检验。

经过60年的建设与发展，今天的海军潜艇部队已发展成为包括常规动力潜艇和核动力潜艇在内的强大水下突击力量，数量和总吨位比初建时期增长了数十倍，并实现了由数量规模型向质量效能型转变。

海军航空兵：所有战斗团都能跨区机动作战

海军航空兵是主要在海洋上空遂行作战任务的海军兵种,是海军的主要突击兵力之一。编有轰炸航空兵、歼击轰炸航空兵、强击航空兵、歼击航空兵、反潜航空兵、侦探航空兵部队和警戒、电子对抗、运输、救护、空中加油等保障部(分)队。其中战斗部队拥有侦察、警戒、反舰、反潜、防空等作战能力,其编制序列为：航空兵部,舰队航空兵,航空兵师、团。

海军航空兵是现代化海军的重要组成部分。其使命是夺取、掌握濒海和海洋空域制空权,协同和保障海军其他兵力夺取制海权,保卫国家领海、领空安全和维护国家海洋权益。没有制空权,就没有制海权。1952年6月,航空兵第一师在上海成立。至1955年底,海军航空兵已拥有各型飞机515架,基本形成了以岸基航空兵为主的海空作战防御体系。

1980年1月3日,随着海军舰载直升机首次着舰的成功,海军航空兵实现了由岸基向舰载的突破。

20世纪90年代,"飞豹"歼击轰炸机、电子侦察机、反潜机、预警巡逻机、空中加油机陆续装备部队,拓展了海军航空兵的活动范围,并为海军水面舰艇部队夺取制海权奠定了全方位的支撑。

随着第三代战机陆续装备部队,航空兵部队的应急机动、舰机协同、空中格斗、低空突防、远程攻击、精确打击能力显著提高,所有战斗团都能担负跨区机动作战任务,担负战备值班的飞行员全部进行过导弹实弹射击训练。所有这些,都标志着海军航空兵高技术条件下的整体作战能力迈上了一个新台阶。

海军岸防部队：全面实现导弹化

海军岸防部队是部署在沿海重要地段、岛屿，以岸基火力遂行海岸防御作战的兵种，由岸基导弹部队和海岸炮兵部队组成。海军岸防兵的基本任务是封锁海峡、航道，消灭敌方舰船，掩护近岸海区的交通线和舰船，支援海岸、岛屿守备部队作战，保卫基地、港口和沿海重要地段的安全。

1950年10月，第一个海岸炮兵营在青岛组建，至1951年底海军共组建了13个海岸炮兵团；20世纪60年代，海岸导弹部队诞生，岸防部队实现导弹化，导弹部队逐渐取代高炮部队。80年代初，各型岸舰导弹逐步更新为机动式岸舰导弹。

随着突防能力更强、智能化程度更高、射程更远、抗干扰能力更强的新一代岸舰导弹全面装备部队，海军岸防部队逐步成为既具备要地防空、近海防空的能力，又能够有效支援其他军兵种实施进攻的新型兵种。

海军陆战队：具备两栖作战能力

海军陆战队是以遂行两栖作战为主要任务的海军兵种，具有机动性强、快速反应和执行多种作战任务的能力。其使命是：实施登陆进攻作战；在配合陆军登陆时担负先遣登陆任务；支援岛屿作战，实施反登陆和执行其他特殊任务。

海军陆战队编有陆战步兵、炮兵、装甲兵、工程兵及侦察、防化、通信等部(分)队，是实施两栖作战的快速突击力量。

1954年12月，海军成立第一个陆战师。后因任务变动，于1957年撤销。1979年重新组建的海军陆战队，由装甲部队、潜水部队、防化部队、两栖特战队等组成。

经过严格训练的海军陆战队员，不仅会操作各类步兵自动武器、水陆坦克、两栖装甲运输车、多种口径的自行火炮、反坦克导弹等装备，还成为多种特战武器的操作能手。随着新型两栖坦克、装甲车及特种装备全面列装，解放军海军陆战队的战斗力得到全面提升，多次在全军、海军组织的大型演习和中外联合演习中显露锋芒，成为名副其实的"陆上猛虎、海上蛟龙"。

立体协同——多方合力铸铁拳

武器装备建设方面有了长足发展

以航空母舰、新型驱逐舰、新型潜艇、新型战斗机为代表的新一代主战装备，以及与其相配套的新型导弹、鱼雷、舰炮，电子战装备等武器系统陆续交付使用。

现在，人民海军已拥有航空母舰、导弹驱逐舰、导弹护卫舰、导弹护卫艇、导弹快艇、猎潜艇、常规潜艇和核潜艇等主战舰艇，质量不断提高。海军航空兵现已装备了轰炸机、巡逻机、电子干扰机、水上飞机、运输机等勤务飞机。海防导弹形成系列，不仅有岸对舰导弹、舰对舰导弹，还有舰对空导弹、空对舰导弹、空对空导弹等。在远距离运动中，中国自行研制建造的具有夜间补给能力的大型综合补给舰，为中国海军作战编队搭建了一座稳固可靠的海上钢铁平台。

后勤保障已初步形成现代化保障体系

目前,已建成一批"军港城""机场网""仓库群"。完成了潜艇基地、水面舰艇基地和西沙群岛、南沙群岛、驻香港舰艇大队后方基地等一批重点建设工程。海军后勤部队拥有的大型油水船、测量船、打捞救生船、运输船、拖船、医院船等多种勤务舰船的吨位比20世纪70年代增加了2倍。

科研成果大量应用于装备建设中

改革开放后,海军积极利用各类先进科技成果和有选择地引进国外新技术,对现役装备加以改进,提升研制装备的目标值,取得科研成果8 000多项。这些科研成果被应用到装备建设当中,实现了舰载机上舰、直升机上舰、电子战上舰、新型舰炮上舰、战术软件上舰、深水炸弹反潜武器系统化、舰舰导弹超视距、鱼雷加装智能头、护卫舰全封闭等几十项要害技术的突破,海军装备的战斗力水平成倍增长。

海军院校和科研机构为人民海军成长贡献卓著

2017年7月,中央军委授予海军工程大学电气工程学院电子技术研究所主任马伟明"八一勋章"。

海军工程大学创办于1949年11月。经过70多年的建设,学校形成了以工为主,工学、理学、管理学、军事学四大学科门类协调发展的综合化学科环境。目前,学校开设34个本科专业,覆盖了海军绝大部分专业领域。

70年来,学校为海军培养了10万余名高素质军事人才,走出了近百位共和国将军和5名中国工程院院士。

师资队伍人才荟萃,有中国工程院院士、第十三届全国人大代表、第十八届和十九届中央候补委员、八一勋章获得者马伟明教授,有中国工程院院士、第十三届全国政协委员、全国优秀科技工作者何琳教授和长江学者特聘教授王东等。

学校曾参与研制我国第一代可储存液体火箭推进剂、第一台"巨龙号"内燃机车。"舰船新型供电系统""珊瑚岛礁淡水资源的开发与应用""某型双绕组发电机系统研制""船舶综合电力系统"和"电力集成创新团队"项目获国家科技进步一等奖,国际首创的"交直流电力集成新技术"被国家科技部评为年度公众关注的十大科技事件,"交直流电力集成双绕组发电机系统"入选年度中国高等学校十大科技进展。

海军大连舰艇学院成立于1949年11月22日,是经毛泽东主席亲自批准成立的新中国第一所正规高等军事院校,时称"海军学校",1952年更名为"第一海军学校",1957年更名为"海军指挥学校",1986年更名为"海军大连舰艇学院"。建校70年来,为人民海军培养了5万余名军政指挥军官、80%以上的舰艇长、200余名共和国将军。

学院定位为海军兵种指挥类高等教育院校,主要面向海军水面舰艇部队培养军政指挥军官,同时培养海洋水文与测绘类技术军官,主要承担水面舰艇军官培训,以及研究生教育、士官培训、外军留学生培训等任务。

学院现有实验室35个,实验分室200余个,拥有军事航海和海洋测绘工程2个军队重点实验室,建有设施完善、功能齐全的训练场地体系等。学院拥有全军院校唯一的训练舰支队,辖有舰艇、舢舨、帆船等各类舰船数十艘。郑和舰、邓世昌舰、戚继光舰等远洋训练舰常年保障学员远航训练和实习出访,先后出访美国、俄罗斯、澳大利亚、新西兰、日本、韩国等几十个国家。

海军研究院是人民海军唯一的综合性科研机构,负责海军建设与发展及技术探索研究工作,总部设在北京。海军研究院于2017年7月整编成立,研究领域涉及海军军事理论、装备论证、技术研究、海洋环境、海防工程、特种防护、标准规范等,曾获千余项国家和军队级奖励,研究成果达到了国内军内先进,在众多领域填补了国家和军队空白。海军研究院现有千余名科研干部,其中,中国工程院院士2人,全国优秀科技工作者7人。

二 重器在握 神兵挺进深海——中国海军的定海神针

 中国造舰速度惊人

"中华神盾"驱逐舰

2005年,中国人民解放军海军开始建造051C型大型导弹驱逐舰,整体设计是经济、务实的,满载时的排水量能达到七千多吨。该型舰安装了四面"海之星"有源相控阵雷达,使用舰载垂直发射系统,被中外专家和军事爱好者誉为"中华神盾"。051C型导弹驱逐舰的区域防空能力大大加强,建立了更加可以依赖的海上远程防空网。

舰载垂直发射系统

舰载垂直发射系统(vertical launching system)是一种用在潜艇和某些水面舰只上的导弹发射系统,导弹发射时导弹姿态呈垂直状态。其具有高发射率、载弹量大、无发射盲区、模块化、通用化等优点,极大地缩短了系统的反应时间,可全方位对来袭目标进行攻击和拦截,提高了系统的可靠性,降低了维护保养工作量,减少了舰艇占用空间,而导弹发射装置的通用化实现了多种导弹共架发射。

中国先进的052D型导弹驱逐舰首舰于2014年3月服役(见图5-4),第七艘于2015年7月下水。这种新型驱逐舰的建造速度让西方吃惊。一些媒体戏称这种造军舰如同"下饺子"的盛况是"一年装备一个舰队,下水一个舰队,开工一个舰队"。052D型与之前的型号相比,武器系统的主要变化是更换了新型相控阵雷达和通用型垂直发射系统,后者可以同时容纳防空导弹、反潜导弹、反舰导弹和巡航导弹。

走向深蓝的中国海军

图5-4　052D型导弹驱逐舰

　　1971年，国产第一代驱逐舰首舰济南舰列装，标志着中国有了自行研制大型水面舰艇的能力。作为国产新型导弹驱逐舰首舰的哈尔滨舰于1994年服役，它集美、英、法、德等8个国家的先进技术和国内55个科研生产厂所的最新成果于一身，自动化程度高、综合作战能力强。1997年，哈尔滨舰服役3年后，通过了国家级的技术鉴定，专家得出结论：经过一系列任务和演习测试和考验，中国驱逐舰在多个方面已经达到了世界90年代水平，大大缩短了与世界海军强国的差距。

　　1987年，经过改装的济南舰为舰载直升机提供了第一个着落平台，结束了中国战斗舰艇不能着落直升机的历史。

　　辽宁舰航母的满载排水量达到了70 000吨，中国第一艘国产航母山东舰也是70 000吨级的满载排水量。

054A型导弹护卫舰的建造速度也同样让外界吃惊。《简氏防务周刊》称，054A型护卫舰的首舰于2008年服役，近期交付中国海军的扬州舰和邯郸舰，是054A型新型导弹护卫舰的第19艘和第20艘。在上海和广州的造船厂，还各自有两艘同级护卫舰在建造。054A型导弹护卫舰被视为中国第一种区域防空型护卫舰，外形采用隐身设计，并配备有新型垂直发射系统。它曾参加过国际远航活动、索马里反海盗等，为中国海军积累了丰富的远洋经验。

核潜艇

中国不仅拥有规模巨大的常规潜艇，还有数量可观的核潜艇（见图5-5）。中国海军已经配置了第二代093型核动力攻击潜艇（SSN），第三代核潜艇——095型核潜艇也已开工建造。095型核潜艇首次采用新型泵喷推进系统、超高强度钢、单双混合壳体结构、新型综合减震浮筏、巡航导弹垂直发射管和第三代潜艇反应堆等六

图5-5　新型核潜艇

大世界领先的新技术,具备大航速、大潜深和低噪音三个特点,最高水下航速不低于33节,静音航速不低于18节,最大下潜深度不小于600米。整体水平赶上和接近世界先进水平。

在095型的基础上,中国还将发展携带多个一体化巡航导弹发射载具的巡航导弹核潜艇。

日媒渲染:中国潜艇部队有足够能力击沉美军航母。

美媒夸张:美军潜艇不可低于48艘才能应对"威胁"。

导弹艇

俄罗斯媒体称:中国导弹艇技术世界领先,特别是022型导弹艇隐身性能较强,采用双体船结构,满载排水量224吨,长42.6米,宽12.2米,使用两台柴油发动机和4套喷水推进装置,确保最大航速可达36节。主要武器装备包括8枚射程120—180千米的C-801/803系列反舰导弹,还能配备可攻击600千米内的岸边目标的"红鸟"巡航导弹,自动化水平较高(见图5-6)。

图5-6 022型导弹艇

技术领先世界

2015年7月28日,中国海军在南海某海空域举行了一场大规模的实兵对抗演练(见图5-7)。由100多艘舰艇、数十架飞机和部分信息作战兵力,以及火箭军的数个导弹发射营、广州军区部分电子对抗兵力组成的红蓝双方,在复杂电磁环境下展开"背靠背"自主对抗。

图5-7 中国海军登陆舰编队赴南海军事演习

海上铁阵森严,空中战机呼啸,水下危机四伏,电磁战场无影搏杀,岸基导弹发射单元快速突击……参演的十多个战术群,全部融入岸海空天一体化作战体系之中,在多维立体空间展开联合战斗筹划、侦察识别、信息攻防、制空制海等全要素、全过程、全时段的实兵实弹对抗。

这次演练以海军新型作战力量为主体,以打赢信息化海上局部战争为目标,不仅在对抗海域、地域和空域面积空间上创造了以往同类型演习之最,而且使侦察与反侦察、干扰与反干扰、实时监控与评估贯穿演练全程,极大地增加了红蓝双方识别、抗干扰和打击的难度,并在潜舰合同立体反潜条件下战雷实射、新型护卫舰抗击来袭导弹、航空兵拦截高速低空目标、水面舰艇拦截超音速反舰导弹、成建制远程投送岸导兵力等方面探索了新战法,实现了水面舰艇拦截超音速反舰导弹等多个新突破。

中国海军的最新设备、技术水平、战斗能力得到全方位的展现。

拦截超音速反舰导弹

052型导弹驱逐舰配备的是垂直发射的远程防空导弹,054型新型护卫舰配备有垂直发射的中程防空导弹。演习中对超音速反舰导弹的拦截非常成功,说明目前中国海军已具备对超音速反舰导弹的拦截能力,同时还说明舰员对武器装备的操控水平达到了实战化要求。

新型拖曳声纳技术

2015年1月16日,中国第一艘装备拖曳式变深主/被动声纳(VDS)的"黄冈号"导弹护卫舰举行入列仪式。

 拖曳声纳

拖曳声纳(towed sonar)是将换能器基阵拖曳在运输平台尾后水中探测目标的声纳。其装备在水面舰艇、潜艇、反潜直升机和警戒监视船上。优点是基阵入水较深,深度可以调整,远离平台,受噪音干扰小,作用距离远,收放自如,维修方便。中国海军已开始装备目前国际上最先进的拖曳式变深主/被动声纳。

这种新型声纳系统具备探测距离远，可探测安静型潜艇等优势，是目前国际上最先进、领先美国一代的反潜声纳装备，大大增强了中国海军反潜战的能力。

立体反潜网

中国海军已经从海底、水面和空中，在南海构筑了立体反潜网。

中国在南海建设首个水底声纳阵列，布置全方位的水声监测系统、水底声纳阵列，从海底、水面和空中构筑了立体的反潜巨网。美国军事专家称，新型反潜网将使中国海军在南海的反潜能力获得质的提高，有望把南海变成中国的透明内湖。在这个立体反潜网面前，大部分他国潜艇都将"现出原形"。

光纤水听器可对抗先进潜艇

2010年1月，"岸基光纤线列阵水声综合探测系统"成功布放完毕。中国自主研制的光纤水听器具有灵敏度高、频响特性好、动态范围大、抗电磁干扰与信号串扰能力强等特点，适于远距离传输与组阵，信号传感与传输一体化，提高了系统的可靠性，工程应用条件降低。在北京国防电子展上，光纤水听器等新技术公开展出，说明我们自己已经有了更先进的超越性技术。

高速拦截火炮

中国海军舰艇配备了高速拦截火炮——"加特林"炮，射速比国外同类装备提高了近100%，超高射速技术处于世界领先水平。

超高速、超低空、高突防、高毁伤的反舰导弹，对水面舰艇构成了巨大的威胁。随着来袭导弹飞行速度的增加,舰艇末端防御系统的火炮射速也应相应提高。面对2—3倍音速的导弹射速,包括美国"密集阵"、荷兰"守门员"等在内的多数速射炮力不从心。在对掠海导弹的攻击试验中,美国海军4次攻击3中,而使用自行研制的"加特林"炮的中国海军8次8中!

舰载导弹垂直发射系统

051C型驱逐舰配备了国产化改进的俄制RIF-M雷达及先进的SA-N-6多联装垂直发射舰空导弹,射程远达150千米,成为跻身世界前列、名副其实的"中华神盾"(见图5-8)。这种远程垂直发射防空导弹系统,采用垂直冷发射技术,具有高发射率、载弹量大、无盲区发射和标准化、通用化、模块化结构的特点,作战效能高,有一定反弹道导弹能力。同时整个系统安放在甲板下,不容易受到海水侵蚀和作战中敌火力破坏,进一步保证了系统的可靠性。

图5-8 垂直发射的远程防空导弹

预警机

2011年,作为中国首艘航母辽宁舰的配套工程,中国首架直-18舰载预警直升机随之曝光。2012年,

JZY-1型舰载预警机验证机首飞成功（见图5-9），中国成为世界上第五个研制出固定翼舰载预警机的国家。2013年，中国第二代中型预警机曝光，该型预警机代表了世界预警机的最高水平之一。

图5-9　JZY-1型舰载预警机验证机

 预警机

预警机（early warning aircraft）是指拥有整套远程警戒雷达系统，用于搜索、监视空中或海上目标，并可指挥引导己方飞机执行作战任务的飞机。又称空中预警指挥机。预警机借由飞行高度，自空中搜索各类空中、海上或陆上目标，提供较佳的预警与搜索效果，延长容许反应的时间与弹性。现代预警机可在半径数百海里、高度30 000米以下的广阔空域同时发现、识别、跟踪、监视250个以上速度不同的各类目标，并控制30架作战飞机进行空战。

21世纪初中国研制的第一代预警机空警-200和空警-2000，创造了世界预警机发展史上的9个第一。

第二代预警机包括出口型 ZDK-03 和自用的新一代空警-500 中型预警机（见图 5-10），空警-500 采用了有源相控阵雷达等新技术，提高了对隐身目标的探测能力，技术能力已经逐步接近美国，和美国研制的 E-737 可以作为世界新一代预警机的典型代表。

转眼间，从空中的预警机到水下的声纳，其技术水平都位列全球前茅了！

图 5-10　KJ-500 预警机

海军陆战队重装化

中国海军陆战队总军力为 3 个陆战师和 1 个陆战旅，在和平时期，海军陆战队各部队分别隶属于北海舰队、东海舰队和南海舰队；在战时，海军陆战队所有兵力统一由海军陆战队司令部指挥。

解放军海军陆战队装备日益先进，两栖作战潜力巨大，拥有比较先进的大型两栖登陆舰（见图 5-11）。海军陆战师的主战装备为新型 T-59 坦克、T-63 水陆两栖坦克、77 式和 531 式水陆两栖装甲输送车、86 式两栖步兵战车、"红江"-8 式反坦克导弹系统、82 毫米和 107 毫米无后坐力炮以及 37 毫米高射炮，显示出高机动低火力强度的战术特点，海军陆战队还装备 HJ73D 型改良型导弹。

图5-11　中国海军071型两栖登陆舰

"准海军"——中国海警船

中国海警部队已经是世界上最大的蓝海海岸警卫舰队，船只数量超过所有邻国海岸警卫队船只的总和。从2004到2008年，中国海警增添了近20艘远洋巡逻船，许多舰船还拥有直升机起降能力。到2015年底，再增添超过30艘此类新船（见图5-12）。连同100多艘新的巡逻船和较小船的建造，将带来力量总水平25%的提高——这种增长是世界其他海区所无法比拟的。

图5-12　中国海警船巡航西沙群岛

三 中国海军改变亚太军事格局

中国海军的发展壮大已是不争的事实。

中国海军在局部地区乃至整个世界所产生的影响力越来越大，甚至引起了多方面的严重关注，也是不争的事实。

那么，当下中国海军在世界海军版图上，到底处于什么样的位置？具有怎样的影响？我们可以参考某些国外权威人士的观点，自己作出判断。

数年前，在中国海军刚刚离开近岸、起步走向远海的时候，就有一些国家和地区的舆论作出了迅即而强烈的反应，有的甚至提高了"中国威胁论"的调门。

美国詹姆斯顿基金会《中国简报》："中国海军不再受制于第一岛链，准备在西太平洋上自由航行。"

《日本时报》："中国海军已经不再是一支海岸警卫队，它会对西太平洋地区的力量平衡产生深远影响。"

美国《赫芬顿邮报》："中国日益深入公海，其扩张速度已经快得令美国的政策制定者吃惊。"

新加坡《海峡时报》："中国海军力量的发展正在逐渐改变亚太军事平衡。"

美国《华尔街日报》："日益担心中国军力增加"，并配发所谓的调查，称有62.4%的日本人担心中国军力。

2010年5月24日，日本《产经新闻》发表题为《中国海洋霸权之路》的报道,称中国海军4月的行动,是为未来潜艇伏击航母作准备。"中国海军舰队威风凛凛地穿越冲绳与宫古岛之间海域和以往的2006年中国宋级潜艇出现在美国航母周围,这两次行动是中国对美日海军的警告,表明中国已具备击沉航母的能力"。

2010年5月,美国《武装力量》杂志发表文章称,目前中国正在建造核动力潜艇,且将配备12枚射程近4 000海里的弹道导弹。这意味着,如果中国核潜艇从夏威夷东部海中央位置对美发动攻击的话,其弹道导弹将覆盖美国全境。在这种情况下,美国海军需要在未来数年里维持一支由超过48艘攻击潜艇构成的潜艇力量。

一时间,"中国潜艇部队具备击沉美军航母能力","应对中国威胁美军潜艇不可低于48艘"之类的说法纷至沓来,不绝于耳。

近年来,随着中国海军在深水领域的活动越来越频繁,与众多国家海军友好合作的增进,尤其是亚丁湾护航、辽宁舰海试、舰艇编队环行世界等,国际军事研究界开始较为理性地观察、分析中国海军,出现了一些较为客观、公正的研究成果。

2015年4月2日,美国《国家利益》杂志刊登克里斯托弗·夏曼的《揭秘:中国海军如何走向全球》一文,文章认为,中国海军层层递进进入西太平洋,步步为营地走向了全球,在未来的几年中将加大远海战略巡逻的力度。

"中国海军向西太平洋的进军,一开始是单支舰队,且大多是水面舰艇,进行照本宣科式的演习;后来发展到多舰队协同演练，有潜艇、无人机等参与，从寥寥几艘军舰逐渐增加到逾12艘舰船和潜艇。

"2004年开始，中国海军进入'近海'（渤海湾、黄海、东海、台湾海峡和南海）演习。

"2007年到2009年，解放军将行动扩大到第一岛链以外，向西太平洋派出的舰艇类型和级别也多样化了。增进了在陌生海域执行军事行动的能力，打造远离海岸行动所需的后勤和指挥与控制系统。

"在此期间，解放军出兵亚丁湾，从反海盗部署中汲取保护中国在远海利益的经验教训。

"2010年至2012年，解放军从多个不同海峡进入西太平洋，不同级别混合搭配的舰艇参与蓝水演练，解放军在西太平洋的行动常态化。执行'蓝水'军事行动的频率、复杂性和信心都增加了。

"2013年至2014年，中国首次在西太平洋进行三大舰队同时参与的演习。还在反海盗之外，首次向印度洋派出水面舰艇。此举表明解放军开始运用其从近海常态行动中获取的经验，发展远洋防御能力，为远洋防御铺路。

"如今，中国不仅有一支反海盗护航编队常驻印度洋，其海军还常在第一岛链以外进行演习并执行任务，今后可能加大远海战略巡逻。这意味着，今后5至7年，我们可能看到不同平台组成的解放军水面战斗群出现在远海。此类战略巡逻或将包括向太平洋战略海上交通线、印度洋咽喉要冲出动海军，甚至远征北太平洋以支持中国的北极商业利益。"

2015年7月30日,日本外交学者网站刊登文章《中国到2020年能有一支迷你美国海军吗?》,称中国海军排名令人吃惊,真实战力难以预测。文章援引了美国海军分析研究中心高级研究员、海军少将迈克尔·麦克德维特的预测:从理论上说,到2020年,中国的海军已经看上去像一支迷你版的美国海军,并且将是世界上"远海"能力排第二的海军。

麦克德维特认为,在5年内,中国海军就将超过大部分国家的海军——其飞机数量将与英国和印度一样多,核攻击潜艇的数量会超过英国和法国,类似"宙斯盾"的驱逐舰数量将会达到美国以外其他国家的总和。中国将会拥有2艘航母、20到22艘类似"宙斯盾"的驱逐舰、6到7艘核攻击潜艇,而美国会有11艘航母、88艘类似"宙斯盾"的驱逐舰和48艘核攻击潜艇。

麦克德维特说,虽然中国海军同美国比还有很大差距,但其日益增强的能力在5年内将开始对美国和其他国家产生重要影响。他描绘了一幅比较严峻的景象。到2020年,在印度洋和地中海的远海看到中国战舰将会是常事,一些美国的盟友和伙伴可能会日益感到紧张。追踪部署到远海的中国海军潜艇对美国来说也将更具挑战性,而美国对中东和东非热点地区的海上控制也不再是一件想当然的事。更令人震惊的是,麦克德维特指出,中国"全球"海军的形象将会冲淡美国霸主的形象。

麦克德维特特别指出,只看数量会掩盖美中装备之间质量的差距。数量无法告诉我们中国海军远海部队的实战能力到底如何。这其中包括作战系统的可靠性、海军士兵的训练,以及指挥结构的功能性。

当然也有文章指出,虽然中国海军的发展达到了一定的高度,但与世界发达国家海军相比,也存在着明显的差距。

几年前,香港有关媒体援引防务界观察人士的观点称,虽然中国海军装备处于世界领先水平,但缺乏与之适应的专业人才,"人民解放军的人员战斗力尚不能与硬件建设相匹配。中国海军将需要至少10年时间才能赶上日本海上自卫队"。

2015年3月5日,美国《国家利益》网站刊登帕特森外交和国际商业学院副教授罗伯特·法利的文章——《打造世界级海军的五步指导》,指出拥有一支蓝水海军,意味着有能力在公海部署一支特遣舰队,并在离其基地很远的距离给它们以支援,意味一个国家拥有在国际舞台上发挥重要作用的潜能。这样的蓝水海军需要满足五个方面的要求:(1)在水下能得到远程柴电潜艇和核潜艇的保护,以免受到敌方潜艇的攻击。潜艇还可以替舰队进行侦察,并且自身能发射对地攻击巡航导弹,为任务中的攻击行动出力。(2)具有能在海上补给的技术能力,有与当地港口建立良好的关系的后勤基地,有能力在远离基地的地方满足供应和补给需求。(3)具有通过空中积极进行力量投射的能力,不一定需要一艘完全意义上的具备"弹射器辅助起飞和拦阻着舰"技术的航母,但确实需要有能力使用飞机来协助舰队执行防空、反潜、搜索和救援以及情报、监视和侦察任务。(4)具备到达目的地之后,对陆上目标发动打击的攻击能力,最有效的攻击选择是发射对地攻击巡航导弹。(5)具有长时间远离基地行动、应对意想不到问题的经验。

罗伯特·法利认为,毫无疑问,美国海军是符合这一标准的"蓝水"力量,法国海军也基本具有这个特色,俄罗斯海军可能达到了最低标准。而中国海军在过去十年间,利用每一个机会积累自己关于远程蓝水行动的经验知识。

罗伯特·法利的文章没有涉及中国海军的设备、技术问题,但特别提到了中国海军蓝水行动的经验积累,并强调如果行动频度不高,不足以维持其军人的经验和专业水平,蓝水海军也可能会失去这方面的优势。

中国海军真正走向深海,成为蓝水海军,还有很长的路要走。

四 中国海军的辉煌前景

中国海军的发展战略

《2010年中国的国防》白皮书提出的解放军海军的战略任务是:注重提高综合作战力量现代化水平,增强战略威慑与反击能力,发展远海作战和应对非传统安全威胁的能力。

2015年中国国防白皮书《中国的军事战略》明确指出：

"海洋关系国家长治久安和可持续发展。必须突破重陆轻海的传统思维，高度重视经略海洋、维护海权。建设与国家安全和发展利益相适应的现代海上军事力量体系，维护国家主权和海洋权益，维护战略通道和海外利益安全，参与海洋国际合作，为建设海洋强国提供战略支撑。"

据此，白皮书提出了解放军海军发展的基本目标：

"海军按照近海防御、远海护卫的战略要求，逐步实现近海防御型向近海防御与远海护卫型结合转变，构建合成、多能、高效的海上作战力量体系，提高战略威慑与反击、海上机动作战、海上联合作战、综合防御作战和综合保障能力。"

白皮书还首次提出了"加强海外利益攸关区国际安全合作，维护海外利益安全"。要求"海军部队保持常备不懈的战备状态"，"组织和实施常态化战备巡逻，在相关海域保持军事存在"。"忠实履行国际义务，根据需要继续开展亚丁湾等海域的护航行动，加强与多国护航力量交流合作，共同维护国际海上通道安全"。

"实现近海防御型向近海防御与远海护卫型结合"，是中国人民解放军海军的发展战略目标。

所谓近海防御，就是说中国海军在自己的专属经济区和大陆架延伸海域内，能够保卫管辖海域的安全和有效地行使主权权利。这就意味着海军的影响范围必须超出陆基海航力量能够到达的距离，走出绿水，走向蓝水。

海外利益攸关区

海外利益攸关区就是指与海外利益存在客观密切联系的区域。

2015年《中国的军事战略》白皮书在论及实行新形势下积极防御军事战略方针时,首次明确提出"海外利益攸关区"的概念,指出要加强海外利益攸关区国际安全合作,维护海外利益安全。

随着国家利益拓展,我们的海外能源资源、战略通道安全和海外机构、人员、资产安全问题日益凸显。我们的海外利益攸关区不是排他性的,也不是对抗性的。中国在维护海外利益安全时,不追求一己之私利,注重把自身利益与各国人民的共同利益统一起来,致力于为国际社会提供公共安全产品,为维护世界和平与地区稳定发挥积极作用。

远海防护,则要求中国海军能够在远离国土的遥远海域,在海外利益攸关区保持军事存在,而且可以有效地应对一切可能发生的海上危机,保护中国在这些区域的海上贸易和人员的安全。那么,在任何存在中国国家利益和公民安全的海域,都将有中国海军的存在和军事防护行动的实施。中国海军的航迹,将不受地域疆界的约束,到达深海大洋的任意区域。

需要特别注意的是,中国海军坚持的是"积极防御战略方针",坚持战略上防御与战役战斗上进攻的统一,坚持防御、自卫、后发制人的原则，坚持"人不犯我，我不犯人；人若犯我，我必犯人"。

中国海军一定要打赢保卫国家利益和公民安全的局部战争。中国不害怕战争，但绝不主动挑起战争，更不会侵略别的国家，伤害别人的利益。

中国海军的建设目标

中国海军是一支以蓝水为战略重点的国家海军力量，其主要任务是保护本国的海洋权益和海洋安全，包括海洋资源、海上贸易和航运，并与威胁本国海洋安全的敌对势力作战。

中国海军要实现维护国家海上利益的历史任务，将不得不把保护范围扩展到整个海上交通线。

中国并不打算在从太平洋到大西洋的海域挑战美国的霸权，而是在寻求海上不对称战略：具备反介入/区域拒止能力。

中国保护自己的海上利益，一是通过使用潜艇、导弹舰艇、战机、反舰弹道导弹和巡航导弹，实现控制"第一岛链"以内的近海，把对经济中心的威胁降到最低。二是在中国近海以外的全球航道网络，具备力量投送、维持全球侦察和通信，以及提供后勤保障的全面的能力。

目前中国海军已有了驰骋深海大洋的能力，并积累了处理海洋复杂事务的经验，开始具备成为深水海军的基本条件。

但是，我们必须看到，中国海军与处于霸主地位的美国海军、老牌劲旅欧洲海军，以及日本海军相比，毕竟还有一定的差距。中国海军要成为一支真正的蓝水海军，还有很长的路要走。

虽然，中国海军已经拥有了辽宁舰和山东舰两艘航空母舰，航母编队也已经初见雏形（见图5-13），但是，其要真正形成强大的战斗力还需要积累更多的经验。

图5-13　中国海军辽宁舰航母编队

虽然，中国海军在舰艇数量、武器装备、技术水平、作战能力的某些方面走进了世界先进行列，但在整体上与美国为代表的国际海军相比，还有较大的差距。我们还没有真正意义上的航母战斗群，没有大型的巡洋舰，舰载机的数量、品种都还十分有限。

更为重要的是，我们的海军从来没有经历过现代海上战争，几乎没有任何的相关经验的积累，武器装备和战斗人员也没有经过实战的检验和锻炼。过去十年间，中国海军利用和平军演、环球航行、亚丁湾护航等每一个机会，积累了丰富的关于远程蓝水行动的经验知识，但这些有待于在今后的实践中深化和提高。

为了能够真正担负起实现维护国家海上利益的历史任务，中国海军的建设步伐正在加快。

于是，中国海军的绝对规模缩减了，但现代化的程度大幅度提高了。水面战舰的数量减少了，单舰平台的能力却更强大。

潜艇部队不仅始终维持较大规模，而且进行了现代化升级；海上空中打击能力有了较大的提升；海航部队拥有了更为强大的火力；医疗船等的建造，保证了和平时期海上力量的投送。

由此，中国海军未来的发展呈现出如下趋势：

一是舰艇吨位大型化。中国海军新世纪建造的驱逐舰的吨位标排达到了7 000吨，现已建成排水量超过万吨的新一代驱逐舰，新一代的导弹护卫舰满载排水量达4 500吨，大型船坞登陆舰吨位接近2万吨，最新型的医疗船也超过万吨，远洋大型综合补给舰接近3万吨。

二是舰身隐形化。中国海军新一代导弹驱逐舰、导弹护卫舰和导弹艇，基本都具备了局部隐身功能，吨位超过6 000吨的大家伙，在雷达波反射面上显示只相当于600吨的小艇。新建造的舰艇正在由局部隐身逐渐发展到完全隐身。

三是功能多样化。未来海军的功能将会多样化，兼顾反舰、防空、反潜和对地攻击等任务，不同舰艇的功能各有侧重。

四是武器精确化。中国海军的各种水面舰艇和潜艇，将装备射程远、精度高、超高速、多弹头、抗干扰和垂直发射的多种类型的反舰、反潜和防空导弹。舰载导弹进一步采取雷达、红外热成像、电视、激光等多种复合式制导方式和先进的掠海飞行技术，抗干扰、突防和隐身能力将极大地提高，单发命中概率将达到90%以上。各种导弹还将与自动化程度高的火炮、精确制导鱼雷、智能化水雷、灵巧炸弹结合，组成以舰艇为基地的空中、水面、水下多层次打击火力网。此外，到本世纪中期，各种激光舰载武器、激光反导系统、电磁炮等新概念武器将可能投入使用。

五是系统信息化。信息战、电子战已成为现代战争的重要组成部分，海上战场处在浩瀚纷繁的电磁、信息环境中，在作战中自始至终须对来自海、陆、空、天、电磁频谱的信息进行反复、持续的侦察与反侦察、干扰与反干扰、压制与反压制的斗争。中国海军在提高海上舰艇编队的机动性和火力的同时，特别注重提高编队的打击精度和电子、信息对抗能力。

在升级武器的同时，中国海军更加注重联合作战，把电子战融入到训练之中，探索支持长期海上任务的新的后勤保障方法，探索与空军、火箭军和战略支援部队的联合作战，形成对海航部队、水面部队和水下部队的支持和补充。

同时，随着可能发生冲突区域的改变，中国海军的主要战略方向经历了由北向东、向南的转移。目前，中国海军的战略方向已不再集中于特定突发事件（如台湾地区或南中国海）而是转向了中国沿岸到第一岛链的海域。

中国海军的活动范围已经远离其海岸，亚丁湾打击海盗任务促进了中国进行长期海上活动能力的增长。

尽管中国的海洋雄心并不对任何国家尤其是美国构成直接威胁，但是，必须承认，中国海军已经是一支能够驰骋蓝海远洋的海上武装力量，中国已经是一个能够进行近海防御、远海护卫的海洋大国！

当然，中国海军距离真正的蓝海海军，还有很长的路要走，但是，目标已经确定，道路已经开通，中国海军已经扬帆启航，任何力量都将无法阻挡中国海军的前进步伐。

中国海军的辉煌前景，无论如何想象都不会过分。

后 记

呈现在读者面前的是一本简要介绍中国人民解放军海军发展的小册子。

党的十八大作出建设海洋强国的战略部署后,习主席多次强调要关心海洋、认识海洋、经略海洋,推动我国海洋强国建设不断取得新成就。同时,习主席多次视察海军部队,对海军建设作出重要指示。习主席强调,边海防工作是治国安邦的大事,关系国家安全和发展全局。他指出,一提到边海防,就不禁想起了中国近代史。那个时候,中国积贫积弱,处于任人宰割的地步,外敌从我国陆地和海上入侵大大小小数百次,给中华民族造成了深重灾难。这一段屈辱历史,我们要永志不忘。大家要牢记使命,扎扎实实把我国边海防工作搞好。

从1949年人民海军在白马庙诞生,到新世纪辽宁舰、山东舰两艘航空母舰入列,中国海军舰队穿越岛链,驶向远洋深海,中国人民解放军海军走过了从无到有、从小到大、从弱到强的漫长历程,完成了从近海防御到近海防御与远海护卫相结合的战略转型,中国人民解放军海军已经成为可以保护本国的海洋权益和海洋安全的强大武装力量,而且开始担当起维护海洋和平的国际义务。

目前,中国人民解放军海军已经是一支能够驰骋蓝海远洋的海上武装力量,人民海军的发展壮大,标志着中国已经是一个能够进行近海防御、远海护卫的海洋大国!

中国有着漫长的海岸线和广阔的管辖海域,但长期以来中国一直被认为只是一个大陆国家。的确,当西方国家利用海洋对外扩张,从海上获得了巨大的利益的时候,中国不但没有从海洋获得相应的利益,反而遭受了很多来自海上的列强侵犯。在相当长的时间里,我们在管辖海域的控制、海洋权利的保护和海洋资源的开发等方面,未能有效地行使应有的权利,一定程度上还存在着主权被侵犯、岛屿被侵占、海洋资源被掠夺的现象。这种局面的出现,根本的原因就是我们没有足够强大的海军,无法实现对我海洋权利等的充分保护。

有没有强大的海军,是中国能否成为海洋大国的决定性的因素,也是中国能否在全球化背景下成为有担当的大国的重要条件。

拥有强大的海军,需要有国家的战略决策、科学技术的支持,有综合国力的支撑,同时也需要广大民众——尤其是青年一代具有明确的海洋意识和对人民海军的清晰认识。这是我们编写本书的初衷。

本书的主要读者对象为青少年学生,因此采用了叙述为主的写作手法,在描述人民海军发展历程基本线索的基础上,穿插了海军发展历史中的有代表性的人物和故事。为增强图书的可读性,本书在编写过程中引用了若干图片资料,力求做到生动有趣、图文并茂。所采用的图片,全部来源于已经公开发表的文献资料。由于其来源广泛,难以一一获得相关作者信息并与他们取得联系。在此谨向相关图片资料著作权人致谢!感谢他们对青少年国防教育的大力支持!

本书出版之际,要特别感谢复旦大学出版社的邬红伟老师。邬老师在本书的编写过程中给予了精心的指导,为本书出版付出了辛勤的汗水,表现出很高的专业水平和敬业精神。

本书一定存在着不足和偏颇,敬请读者批评指正。

马宏伟
于北京西山

图书在版编目(CIP)数据

走向深蓝的中国海军/马宏伟编著. —上海：复旦大学出版社,2020.12
(我们的军队系列丛书/张国清主编)
ISBN 978-7-309-15207-4

Ⅰ.①走… Ⅱ.①马… Ⅲ.①海军-中国人民解放军军史-现代 Ⅳ.①E297.5

中国版本图书馆 CIP 数据核字(2020)第 134238 号

Zouxiang Shenlan de Zhongguo Haijun
走向深蓝的中国海军
马宏伟　编著
责任编辑/邬红伟

复旦大学出版社有限公司出版发行
上海市国权路 579 号　邮编：200433
网址：fupnet@fudanpress.com　http://www.fudanpress.com
门市零售：86-21-65102580　　团体订购：86-21-65104505
外埠邮购：86-21-65642846　　出版部电话：86-21-65642845
上海四维数字图文有限公司

开本 850×1168　1/32　印张 6.375　字数 127 千
2020 年 12 月第 1 版第 1 次印刷
印数 1—4 100

ISBN 978-7-309-15207-4/E·10
定价：38.00 元

如有印装质量问题,请向复旦大学出版社有限公司出版部调换。
版权所有　　侵权必究